Martín L. Godio

Historias de Calibres 2

Martín L. Godio

Historias de Calibres 2:

Los calibres y sus familias

Martín L. Godio

Historias de Calibres 2

Godio, Martín Lisandro
Historias de calibres 2 : los calibres y sus familias / Martín Lisandro Godio.
- 1a ed ilustrada. - Bahia Blanca : Martín Lisandro Godio, 2017.
196 p. ; 21 x 15 cm.

ISBN 978-987-42-4831-2

1. Tiro Deportivo. 2. Historia Militar . I. Título.
CDD 355.82

Todos los derechos reservados. No se permite la reproducción total o parcial de esta obra, ni su incorporación a un sistema informático, ni su transmisión en cualquier forma o por cualquier medio (electrónico, mecánico, fotocopia, grabación u otros) sin autorización previa y por escrito de los titulares del copyright. La infracción de dichos derechos puede constituir un delito contra la propiedad intelectual.

Copyright 2017 por Martín L. Godio
Todos los derechos reservados.
ISBN 978-987-42-4831-2

Martín L. Godio

Dedicatoria

A mis padres Dora y Lucho y a mi familia, Sandra, Florencia, Luciana y Nicolás.

Agradecimientos

A Fernando Baragaño, Roberto Rech, Miguel Tantignoni, Gregorio Díaz, Federico Graziano, John Moss, Pablo Paglia, y a la gente de la revista El Pato.

Historias de Calibres 2

Índice

Índice.	9
Introducción	13
De calibres, cartuchos y familias	**15**
Cartucho	15
Partes de la vaina	16
Historia	16
Base del cartucho	18
El hombro.	21
Cámara de combustión	21
Las Familias	23
La Familia del 8x57mm	**25**
8x57mm (1888)	25
7x57mm Mauser (1892)	30
.275 Rimless (1907)	34
La familia europea	36
.257 Roberts (1934)	38
6mm Remington (1955)	41
La Familia del .30-30 Winchester	**45**
.30-30 Winchester (1895)	46
.303 Savage (1895)	52
.25-35 Winchester (1895)	55
.32 Winchester Special (1902)	57
.22 High Power (1912)	61
.219 Zipper (1937)	63
7-30 Waters (1976)	64
.375 Winchester (1978)	66
La Familia Remington	**69**
.25 Remington (1906)	71
.30 Remington (1906)	72

.32 Remington (1906) 74
6.8mm Remington (2002) 75
La Familia del .30-06 Springfield 79
.30-06 Springfield (1906) 80
7,65x61mm Marina Argentina (1914) 85
Wildcats de .30-06 Spr. 87
.270 Winchester (1925) 89
.280 Remington (1957) 93
.25-06 Remington (1969) 96
.35 Whelen (1988) 99
.338-06 (1998) 101
La Familia del .250 Savage. 103
.250 Savage (1915) 104
.300 Savage (1920) 106
.22-250 Remington (1965) 108
La Familia del .308 Winchester. 111
.308 Winchester (1952) 111
.243 Winchester (1955) 115
.358 Winchester (1955) 118
7mm-08 Remington (1980) 120
.260 Remington (1997) 122
Los hijos no reconocidos 125
La Familia del .458 Winchester Magnum 127
.458 Winchester Magnum (1956) 128
.264 Winchester Magnum (1958) 131
.338 Winchester Magnum (1958) 133
.308 Norma Magnum (1959) 135
.358 Norma Magnum (1959) 136
7mm Remington Magnum (1962) 136
.300 Winchester Magnum (1963) 140
La Familia Weatherby 145
7mm Weatherby Magnum (1944) 149
.270 Weatherby Magnum (1944) 150
.300 Weatherby Magnum (1944) 151
.375 Weatherby Magnum (1945) 152
.257 Weatherby Magnum (1945) 153

.378 Weatherby Magnum (1953) 154
.30-378 Weatherby Magnum (1953) 155
.460 Weatherby Magnum (1958) 157
.340 Weatherby Magnum (1962) 158
.224 Weatherby Magnum (1963) 159
.240 Weatherby Magnum (1968) 161
.416 Weatherby Magnum (1989) 162
.338-378 Weatherby Magnum (1998) 163
6,5-300 Weatherby Magnum (2016) 164
Los mellizos **167**
8x57mmJ y 8x57mmJR 168
.30 Super y .300 H&H Magnum. 169
7x64mm y el 7x65mmR Brenneke. 171
.308 y .307 Winchester. 172
Los Wildcats, calibres hechos a medida. **175**
¿Qué es un Wildcat? 175
¿Cómo se hace un wildcat? 177
¿Porqué complicarse con un Wildcat? 179
Glosario. **181**
Bibliografía. **185**
Acerca del autor **187**
Índice por calibre **189**
En pulgadas 189
En milímetros 190

Historias de Calibres 2

Introducción

Ante todo tengo que agradecer a los lectores por el interés que despertó mi primer libro, **"Historias de calibres: los porqué de algunos calibres" ISBN 978-987-42-0327-4**, donde analizamos la historia y las prestaciones de algunos calibres de importancia histórica y/o gran popularidad. En dicho libro vimos como distintos calibres fueron surgiendo por diversas razones, como la aparición de alguna nueva necesidad, o para aprovechar nuevos desarrollos tecnológicos o un modelo nuevo de arma lanzado al mercado. Incluso, pudo verse como, en muchos de los casos los calibres se relacionaban entre sí, y como la aparición de algunos calibres dieron origen a otros nuevos, como veremos en este libro.

Desde el invento del cartucho que contiene todos los componentes necesarios para el disparo (proyectil, pólvora y fulminante), cada calibre que logró algún éxito, terminó por promover el desarrollo de otros nuevos calibres. Así se formaron verdaderas "familias de calibres". Tomando la vaina de un calibre determinado como base, distintos particulares y/o fabricantes desarrollaron otros calibres con diferentes prestaciones, para ajustarlos a sus objetivos. Estas familias, de la forma en que están consideradas en este libro, incluyen calibres derivados, en los que no se han hecho grandes cambios ni se ha acortado la vaina en forma considerable. De esta manera, podemos considerar que una familia de calibres incluye aquellos que poseen la misma "fuente de poder" es decir: casi la misma carga de pólvora.

En los siguientes capítulo analizaremos siete familias que, partiendo de un calibre original, desarrollaron algunos de los calibres que siguen siendo famosos y populares, hoy en día. Por lo general, estas familias son bastante prolíficas, tienen muchos miembros, sin embargo algunas tienen apenas un par de "hijos" que lograron popularidad y merecen alguna mención.

Otros dos capítulos están dedicados, uno de ellos a la prolífica familia de Roy Weatherby que incluye calibres de los más variados, pero que tiene en común la filosofía Weatherby de alta velocidad. El otro capítulo está dedicado a los calibres que presentan dos versiones, para diferentes tipos de armas.

Cabe aclarar que algunos de los calibres analizados ya fueron vistos en detalle en el libro anterior, **"Historias de calibres: los porqué de algunos calibres" ISBN 978-987-42-0327-4** y por ello, no se analizan en este libro con la misma profundidad, tal es el caso del .30-06 Spr y su derivado, el .270 Winchester, el 7x57mm Mauser, así como el .308 Winchester y su derivado, el .243 Winchester.

Para el últimos capítulo he dejado un tema que considero necesario para el análisis de la historia y el desarrollo de los calibres, el tema de los calibres wildcat. Producto del trabajo de muchos individuos, los wildcats enriquecieron el mundo de las armas, agregando calibres que los grandes fabricantes no estaban dispuestos a desarrollar. Grandes calibres son fruto de la inventiva de los wildcatters, como el caso del .22-250 y el famoso .243 Winchester, entre otros.

He dejado para un anexo al final del libro, un necesario glosario para esclarecer algunas de las palabras utilizadas en el resto del libro y un sumario de los libros, revistas y sitios web donde se encuentra la información que desarrollamos en el texto.

NOTA: Parte de la información vertida en este libro fue publicada a lo largo de varios años en las revistas argentinas "El Pato" y "Magnum". Esa información fue revisada, completada y actualizada especialmente para este libro.

De calibres, cartuchos y familias

Para este libro, como para el anterior, cuando hablamos de calibres nos referimos tanto al diámetro interno del cañón de un arma como para referirnos a un cartucho determinado. El primer significado es muy simple, pero el segundo, merece una explicación mejor. El origen del uso del término "calibre" proviene de la época en que las armas eran de avancarga y, por ello, bastaba con expresar el diámetro interno del caño para saber de qué estábamos hablando. Cuando surge el cartucho de retrocarga las cosas se complicaron porque con el mismo diámetro de caño tenemos cartuchos muy distintos. Baste con el ejemplo del calibre .30 (diámetro del cañón) que incluye entre muchos "calibres", al .30-30 Win., al .308 Win., al .30-06 Spr., al .300 Win. Mag., al .300 Weath. Mag. y al .300 R.U.M.

Cartucho.

Se llama cartucho a la munición utilizada en armas de fuego, que posee necesariamente los cuatro componentes necesarios para el disparo: el iniciador (fulminante), el propelente (pólvora), el proyectil y la vaina que los contiene. El iniciador o fulminante es la pieza que inicia el disparo al encenderse y encender la pólvora. La pólvora, a su vez, es la que produce los gases que van a empujar al proyectil y el proyectil es el componente que va ser lanzado o proyectado hacia el blanco. La vaina, por último, generalmente de bronce de una aleación especial, es la que los contiene y le da unidad al cartucho.

Hablamos de cartucho cuando los cuatro elementos están presentes, aunque existen cartuchos en los que alguno puede faltar, como en las balas de fogueo (sin proyectil) o los cartuchos de avancarga (sin fulminante) pero, no los consideraremos para este libro. Existen también cartuchos sin vaina, pero son muy raros, difíciles de encontrar y escapan al objetivo de este libro. Tampoco analizaremos los cartuchos de escopeta porque tiene características especiales que complicarían esta explicación.

Partes de la vaina

La vaina del cartucho moderno está formada por varias partes, la base o culote, donde se ubica el sistema de encendido que puede ser de fuego anular o central. Allí está también el reborde que retiene la vaina durante la percusión y ayuda para extraer la vaina de la recámara luego del disparo. Le sigue el cuerpo o parte principal, que es básicamente un cilindro que contiene la pólvora. Dependiendo del diseño, puede presentar hombro o no, este consiste en la transición entre el cuerpo y el cuello. Este último es el que sostiene y retiene al proyectil hasta el disparo. Por último, el proyectil es, como su nombre lo indica, el que proyectará o lanzará el arma con el disparo.

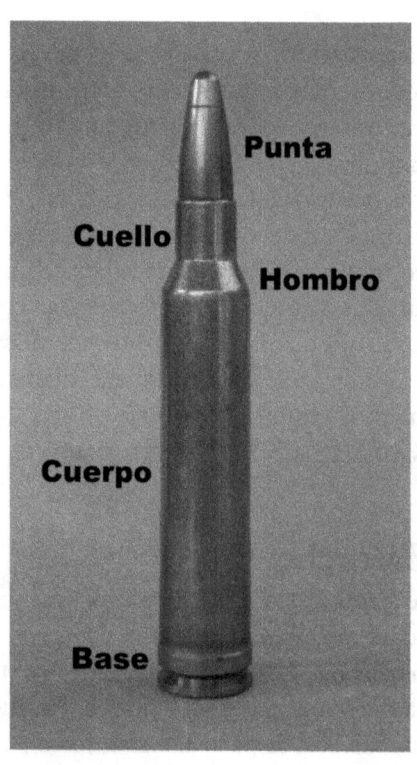

Historia

Las primeras armas de fuego, de avancarga, usaban estos componentes por separado. Es decir que se introducía la pólvora en el cañón por la boca y a continuación se introducía el proyectil. Para efectuar el disparo, la pólvora se encendía por un orificio en la parte trasera del cañón, por diversos medios, mecha, chispa o fulminante.

A principios del Siglo XIX, se comenzaron a usar mezclas químicas para encender la pólvora por percusión, así aparecieron los primeros fulminantes. Con esto, todo estaba listo para el desarrollo del verdadero cartucho de retrocarga. Cuando Horace Smith y Daniel Wesson fueron a la Feria Universal de Londres en 1851, supieron que Louis Nicolas August Flobert (1819-1894) había desarrollado, con gran éxito un cartucho que no necesitaba ningún componente externo para disparar. Este cartucho sería conocido luego como 6mm Flobert y constituyó la piedra fundamental para el desarrollo de la cartuchería moderna.

En 1857, Smith y Wesson, luego de varios intentos, desarrollan el hoy conocido .22 Corto. Este es el calibre más antiguo que aún sigue en producción. De allí se siguieron desarrollando distintos calibres utilizando este sistema de encendido llegando incluso hasta el .577". El término "fuego anular", hace referencia a que el fulminante se ubica en forma de anillo en el reborde. Para ello, el reborde está formado por el pliegue de la vaina en su base durante la fabricación de la misma. Para encender la carga de pólvora, el percutor del arma golpea este reborde comprimiendo el fulminante entre ambas caras del mismo. La solución de colocar el fulminante en el pliegue del reborde resulta perfecta para producir munición de baja potencia, muy eficiente y a un bajo costo, aún hoy en día.

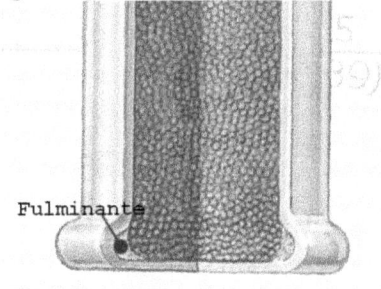

El problema del sistema de fuego anular era la limitada la carga de pólvora que podía utilizar y la baja presión a la que podían trabajar. Esto era porque no se podía poner mucha cantidad de fulminante y porque, para funcionar, la vaina debía ser blanda y se rompía cuando el cartucho desarrollaba mucha presión. Con posterioridad se comenzó a buscar otros sistemas que permitieran solucionar esto. Se probaron diversos sistemas que finalmente derivaron en lo que conocemos como calibres de fuego central. El fulminante de fuego central es una pieza independiente de la vaina que debe agregarse y deriva del viejo fulminante de avancarga.

Hay tres tipos de fulminantes de fuego central, el Boxer, el Berdan y el de escopeta. El primero fue desarrollado por el Coronel inglés Edward Mounier Boxer, el segundo por el inventor norteamericano Hiram Berdan y el tercero deriva de los primeros fulminantes que utilizaban un adaptador para los fulminantes de avancarga.

El fulminante Boxer consta de tres componentes, la copa, el compuesto fulminante y el yunque. Cuando el percutor lo golpea comprime el compuesto fulminante entre la copa y el yunque. En las vainas diseñadas para fulminante Berdan, el yunque está en la vaina.

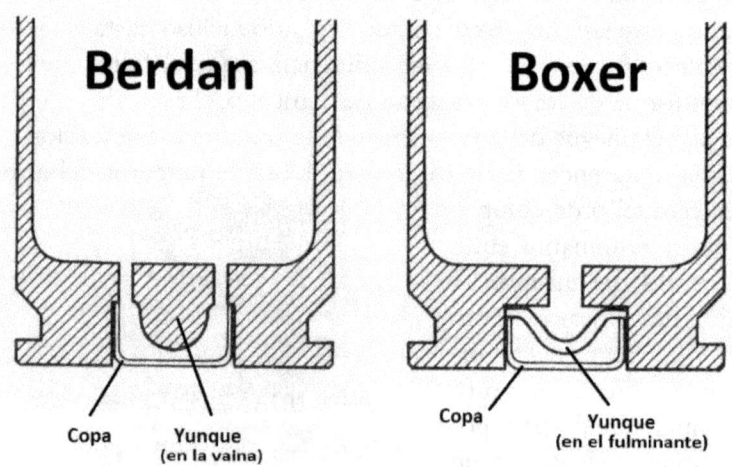

Base del cartucho

La base del cartucho, además de contener el fulminante, cumple una función indispensable que es la de proveer un medio para que el cartucho quede firmemente retenido ante el golpe del percutor del arma. Esto se conoce como espacio de cabeza o headspace (en inglés) y depende del diseño de la vaina. Además, el cartucho debe tener alguna forma para que la vaina, una vez servida, pueda ser extraída. Para ello se utilizan diversas formas de reborde. Los primeros cartuchos poseían un reborde saliente que se apoyaba en el final de la recámara y podía ser tomado por el extractor para sacar las vainas servidas.

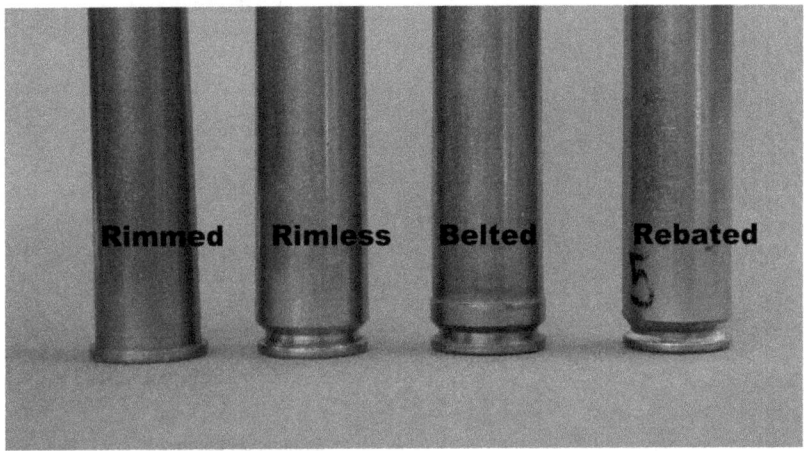

Este sistema es excelente para armas monotiro, dobles y de repetición con cargador tubular, pero presenta algunos problemas al alimentar desde cargadores tipo petaca. Entonces hicieron su aparición los calibres sin reborde o rimless, que en realidad tiene reborde que no sobresale. En estos cartuchos sin reborde, el apoyo no se hace en la parte trasera de la recámara como en el de reborde sino en el hombro (datum) o en la boca, si no tiene hombro (como el .45 A.C.P). Cabe aclarar que hubo algunos calibres verdaderamente sin reborde, pero hoy son casi todos obsoletos.

Sin embargo, a principios del Siglo XX, se siguió buscando una solución al problema de las vainas "rimless", ya que se prefería un sistema de apoyo que fuera más seguro y preciso que el hombro. Entonces Holland & Holland prueba un sistema desarrollado años antes en Austria, un refuerzo o cinturón que se denominó "belted", algo así como "cinturado" o "con cinturón". El uso de esta vaina cinturada en el .300 H & H Magnum hizo que las vainas con "belt" se convirtieran en sinónimo de calibre Magnum para rifle por años.

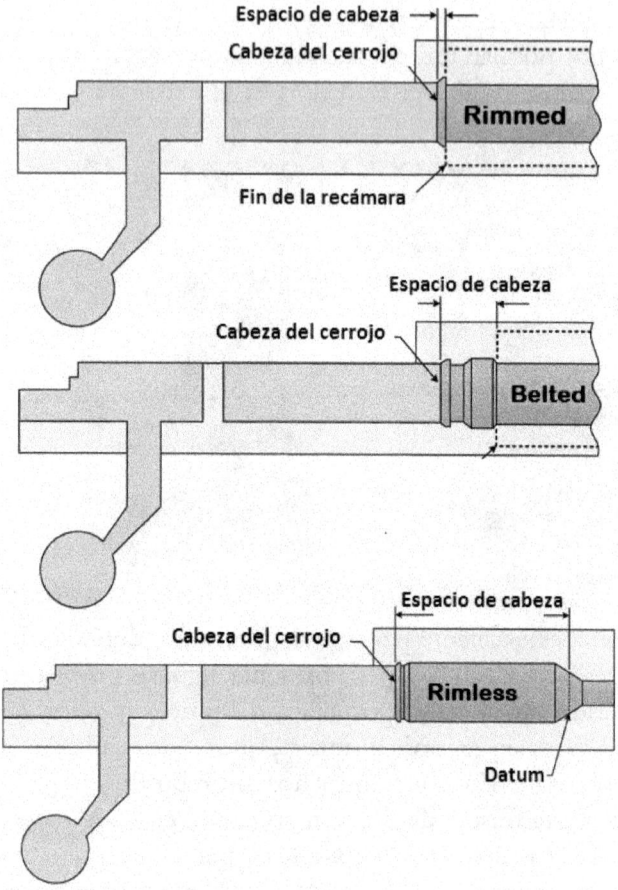

En varias ocasiones se han diseñado calibres para armas especiales en los que no puede usarse ni siquiera una vaina rimless debido al reducido tamaño de la cabeza del cerrojo. En estos casos se utiliza vainas con una pestaña de menor diámetro que el cuerpo del cartucho y se denomina "rebated". Ejemplos de este culote podemos encontrarlo en algunos calibres poco comunes como el .284 Winchester, el .500 AE o el .404 Jeffery.

El hombro.

Se denomina hombro a la parte de algunas vainas, donde se reduce el diámetro, para montar la punta. Esto se comenzó a hacer cuando se pretendió aumentar la carga de pólvora de un cartucho determinado. Al principio, para aumentar la carga de pólvora bastaba con alargar la vaina, para hacer más espacio. Pero se llegaba a un punto donde esto dejaba de ser aplicable, porque la vaina resultaba muy larga. Entonces, solo quedó la opción de aumentar el volumen para pólvora, aumentando el diámetro del cuerpo de la vaina, que debe ser luego reducido en el extremo, para montar el proyectil.

Hay diversos tipos de hombros, con ángulos más o menos pronunciados, con ángulos o redondeados como los calibres de Weatherby.

Cámara de combustión

El volumen entre el hombro y la base o culote, genera la cámara de combustión donde se ubica la pólvora y donde se producirán y contendrán los gases de su combustión. La relación entre este volumen y el calibre nos lleva a un concepto importante y muy interesante, el de "overbore". Esto nos permite ver, sin grandes complicaciones, como al ir aumentando esta cámara de combustión, para un calibre determinado, va aumentando también la potencia del mismo.

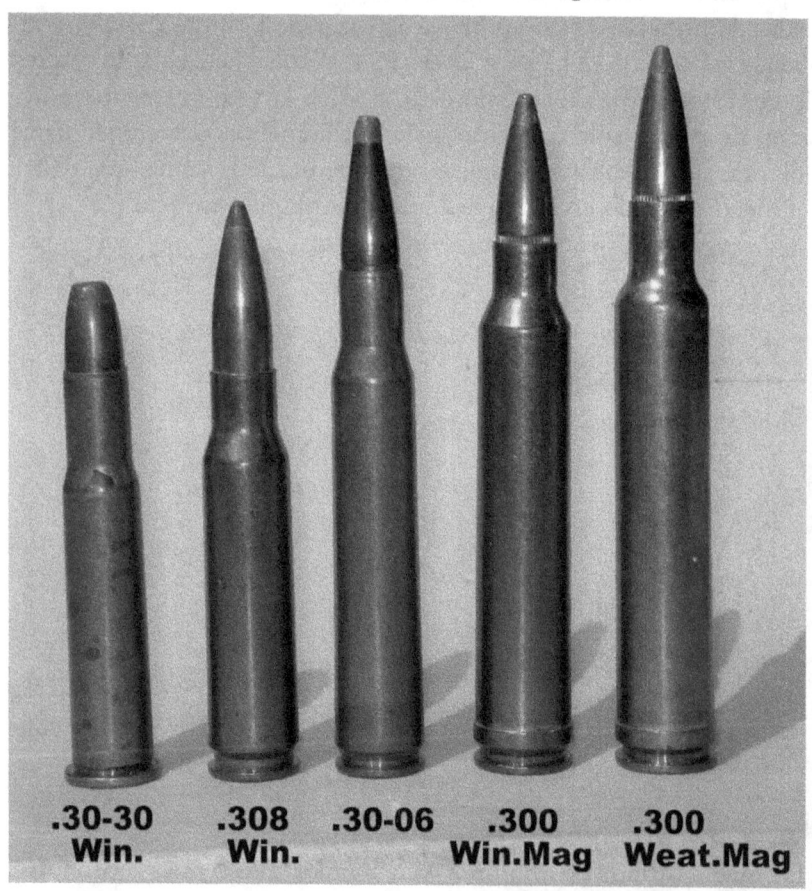

Tomemos como ejemplo el calibre .30 nuevamente. Así, podemos arrancar con el .30-30 Winchester, seguir por el .308 Winchester, el .30-06 Spr., el .300 Winchester Magnum, el .300 Weatherby Magnum y finalizando con el .300 Remington Ultra Magnum. En todos ellos podemos utilizar el mismo proyectil, sin embargo, la performance obtenida aumenta dramáticamente desde una 2.200 pies/seg.

de .30-30 (punta de 150 grains) hasta 3.600 pies/seg. del .300 RUM, con el mismo proyectil.

Las Familias

Con esto hemos dado un repaso a las partes y características de los cartuchos modernos; podemos ahora definir a que llamamos una "familia de calibres" y cual es su importancia. En este libro, se habla de familia de calibres cuando un calibre determinado da lugar al desarrollo de otros calibres, a los cuales podemos considerar como sus "hijos". Por supuesto que este es un concepto muy amplio y, si no lo restringimos un poco, casi todos los calibres modernos sin reborde, son hijos del 8x57mm, el primer calibre militar moderno adoptado por una gran potencia (Alemania) en 1888. En el sentido que le damos en este libro, una familia de calibres es aquella que agrupa diversos calibres que utilizan vainas casi idénticas en forma, tamaño y, sobre todo, en su cámara de combustión. Por lo general, son calibres cuya diferencia radica en el diámetro del proyectil que montan. Este concepto quedará más claro a medida que analicemos las distintas familias, a continuación.

En algunos casos tendremos que resignar algo de exactitud, tal es el caso de la familia de 8x57mm que veremos a continuación, ya que la mayoría de sus "hijos" poseen una base de la vaina entre 0,1 y 0,2 mm más pequeña. Sin embargo, estas diferencias no aplican al considerar sus características balísticas. Por lo general dos son los aspectos determinantes de la formación de una familia de calibres. Por un lado, la utilización de una plataforma determinada, es decir un arma determinada que podemos adaptar a los distintos componentes de una familia casi sin modificaciones. Tal es el caso de la Familia del 8x57mm, con el Mauser 98; la familia del .30-30 Winchester, con el Winchester 94, los calibres Remington y el .308 Winchester con los fusiles de acción corta. El otro aspecto es el balístico, ya que los calibres pertenecientes a una familia, poseen similar potencia, pero utilizando proyectiles de diferente calibre. De esta manera, nos permiten analizar como se comporta una vaina disparando proyectiles de distinto diámetro, con una carga de pólvora similar.

Lo notable de este concepto es el hecho que grandes fabricantes desarrollen estos nuevos calibres, manteniendo el diseño original del calibre "padre", sin modificar ni siquiera el ángulo del hombro. Esto es muy común y lógico en los trabajos realizados por los wildcatters, ya que ellos poseen limitaciones técnicas y económicas para crear un calibre desde cero. Por otro lado, firmas como DWM, Remington, Winchester o Mauser, poseen la maquinaria y el capital necesario para desarrollar cualquier calibre que deseen y sin embargo, a la hora de crear nuevos calibres, se restringen a utilizar gran parte del diseño original. En cualquier caso, muchos calibres lograron cierto éxito y dieron origen a verdaderas familias que enriquecieron el mundo de las armas.

La Familia del 8x57mm

He decidido llamarla "Familia del 8x57mm" aunque esto no es lo más exacto, en realidad deberíamos llamarla "Familia de 7x57mm Mauser" ya que, aunque el 7x57mm Mauser deriva del 8x57mm, no es exactamente igual. Al diseñar su 7mm, Mauser bajó el hombro 2,4mm y gran parte de los calibres derivados, eligieron la vaina de 7x57mm y no la del 8x57mm para su diseño. Por otro lado, el mismo Mauser cuando diseña el 6,5x57mm coloca el hombro en una posición intermedia, más bajo que en el 8x57mm, pero más alto que en el 7x57mm. A su vez, en el 9x57mm Mauser, 9,3x57mm y el 9.5x57 Mannlicher-Schönauer, el hombro es apenas más alto que el 8x57mm. Es por todo esto que decidí dejar al 8x57mm como padre de toda esta familia.

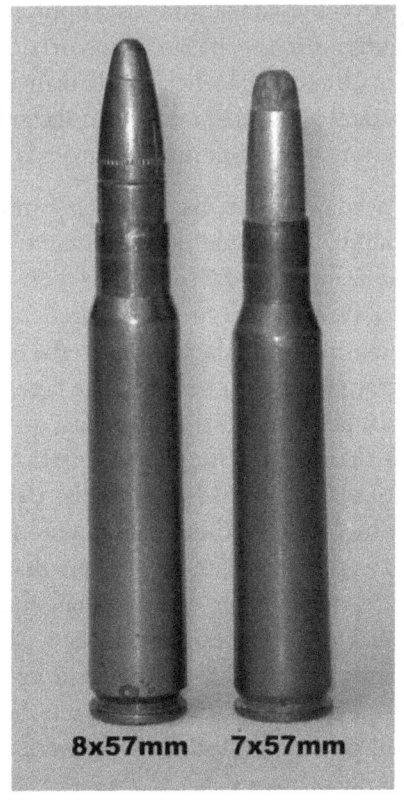

8x57mm (1888)

También conocido como 7,92 x 57mm, este viejo calibre es casi un emblema nacional para la Alemania de la primera mitad del Siglo XX y con sus más de 112 años de vida posee una historia notablemente rica y colorida. Esta es una de las primeras familias y, por ello, una de las más viejas aunque tiene amplias ramificaciones. Podemos decir que el 8x57mm fue el calibre fundacional, del que derivaron, de una manera u otra, casi todos los calibres actuales. Todo comenzó en el año 1884. El General Boulanger, Ministro de la Guerra francés, informado de los avances logrados en armamento, resultado de los trabajos que se venían realizando desde 1880, ordena el desarrollo de un fusil moderno para las fuerzas armadas francesas. En dichos estudios se había estado trabajando sobre la reducción del calibre de las armas portátiles y, simultáneamente, se había puesto a punto una nueva pólvora sin humo. En solo cinco meses, el arma y su munición fueron diseñados, construidos y probados con éxito. Tanto es así que en el año 1886, Francia introduce un calibre 8mm, junto con el moderno fusil Lebel. Esto produjo un cimbronazo en todas las naciones europeas. El hecho que Francia tuviera un fusil militar a repetición, calibre 8mm, capaz de disparar proyectiles encamisados impulsados por una carga de pólvora sin humo, provocaba un peligroso desbalance de poder en Europa. Así, las Grandes Potencias se lanzan a una carrera armamentista sin precedentes. La meta era reemplazar los ya obsoletos fusiles de grueso calibre y pólvora negra por otros más modernos.

La mayoría de las potencias mundiales, seguía utilizando fusiles calibre 11mm de pólvora negra. Las fuerzas armadas de Alemania utilizaban el Mauser 71/84 con almacén tubular, que tenía mayor volumen de fuego que su predecesor el Mauser 1871, seguía siendo un arma obsoleta que disparaba cartuchos de pólvora negra. Ante la aparición del Lebel 8mm, se lanza de lleno a obtener un arma superior para sus fuerzas armadas, de manera de equiparar el poderío de la infantería francesa. Cuentan que gracias a un desertor francés, Alemania obtuvo un ejemplar del fusil Lebel y su munición para su estudio. Se creó entonces una comisión a los efectos de desarrollar este nuevo armamento. El resultado del trabajo de esta comisión fue el Gewehr 1888, que era una combinación de varios diseños alemanes preexistentes de Mauser y Mannlicher principalmente, aunque ambos personajes estuvieron excluidos del diseño del arma. Este fusil fue conocido popularmente como Modelo Comisión 1888 o simplemente Modelo Comisión.

El cartucho desarrollado para este fusil era notablemente moderno para los cánones de la época y seguía las líneas experimentales del cartucho del mayor del ejército Suizo Rubin. Este concepto era diferente del de su contrapartida francesa, ya que las vaina elegida por la Comisión alemana era más larga, fina y, lo que es mucho mejor, no poseía reborde, lo que le permitía funcionar perfectamente en almacenes tipo petaca.

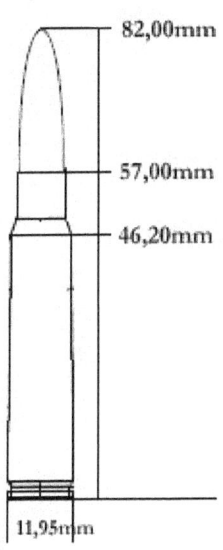

El diámetro de la punta, aunque similar al francés, era algo menor, 8,08mm, esto es 0,318 pulgadas a diferencia de los 0,320 pulgadas del 8mm Francés. La primera munición militar utilizaba puntas redondeadas de 14,6 gramos (226 grains) con una velocidad en la boca de 638 metros por segundo (2.093 pies/seg.), muy lenta para los estándares modernos, pero superior a la de los calibres de pólvora negra de la época.

Posteriormente, a fines del Siglo XIX, Alemania cambia el Comisión 1888 como arma reglamentaria por el excelente Mauser Modelo 1898, que presenta notables ventajas mecánicas y técnicas sobre el anterior. El 1898 utiliza mejores materiales, mejores mecanismos, cargador y terminación. Es notable que este fue el primer fusil Mauser recamarados para el 8x57mm. Sin embargo, este calibre quedó de ahí en más firmemente ligado al Mauser. Sin haber tenido Mauser que ver con su creación y desarrollo, es común que se lo llame 8mm Mauser.

En 1905, siguiendo con las tendencias del momento, se adopta una nueva munición con proyectil más liviano y aerodinámico, de mejor trayectoria y retención de energía en la distancia. La nueva punta de 10 gramos (154 grains), denominada "S" poseía un diámetro mayor y desarrollaba en la boca una velocidad de 878 metros por segundo

(2.880 pies/seg.). Otra diferencia de esta munición es que el diámetro de los caños se aumentó de 8,08 a 8,20mm (.318 y .323) respectivamente. Esto creaba alguna confusión y por ello se utilizó la letra "J" (de Infantería en Alemán) para identificar a las armas con cañones de .318 y la "S" para los nuevos cañones .323. Algunas armas fueron adaptadas para ser utilizadas con ambas municiones, ya sea con un anima de .321 pulgadas que funcionaba como solución intermedia o recamarando para la munición "S" cañones "J".

La balística del 8x57mm, fue excelente en su momento. En un mundo donde la gran mayoría de los rifles usaban proyectiles de plomo impulsados por pólvora negra, el 8x57mm era un salto tecnológico verdaderamente notable. Aún la primera munición con punta pesada de 220 grains (14,6 gr) a 2.100 pies/seg., en la boca, era muy superior a las opciones precedentes con proyectiles de plomo a apenas 1.600 pies/seg.. Pero esa balística fue superada a los pocos años cuando se cambió el viejo proyectil por otro más moderno y liviano, la velocidad en la boca aumentó a 2.880 pies/seg. Aún hoy sigue siendo un calibre muy popular en la Europa Continental, a pesar de sus años, mantiene vigencia.

El 8x57mm fue un calibre de gran popularidad en Alemania y Austria que aún sigue vigente. En los EE.UU., por el otro lado, no tuvo gran aceptación por varias razones, por un lado la confusión entre los distintos diámetros. Además, muchos usuarios que habían pasado por la Primera y/o segunda Guerra Mundial, probablemente no podrían evitar sentir antipatía por el calibre del "enemigo". Por último, el calibre 8x57mm el único que estuvo en producción durante todo el Siglo XX y nunca fue muy apreciado en el mercado norteamericano, por su menor potencia, en comparación al .30-06 Spr..
En gran cantidad de artículos, al hablar de los 8mm en general se los consideraba inferiores al .30-06.

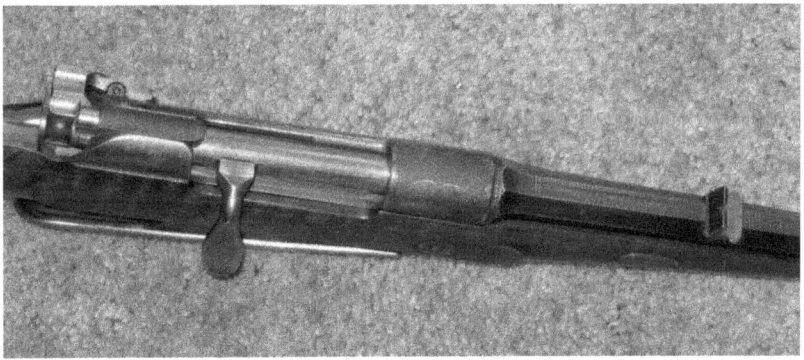

El 8x57mm tampoco tuvo mucha aceptación en África, como sí la tuvieron el 6,5mm Mannlicher y el 7x57mm Mauser entre otros. Esto se debió a la poca efectividad de la munición sólida del 8mm en la fauna mayor. Por otro lado, tanto el 6,5 como el 7mm se comportaban muy bien si el cazador era muy cuidadoso con la puntería. Cabe aclarar que a principios del Siglo XX era muy común cazar con munición sólida dada la poca calidad general de la munición expansiva. El problema del 8mm estaba dado por el diseño de las puntas, mientras los dos primeros utilizaban puntas redondeadas (round-nose), el 8mm usaba proyectiles puntiagudos o Spitzer. Estos, al impactar sobre un animal, tienen una trayectoria errática. En cambio, los proyectiles roundnose mantienen mejor su curso alcanzando con mayor seguridad los órganos vitales.

La popularidad del 8x57mm es importante en el centro de Europa continental y en algunos países africanos de influencia alemana. Sin embargo, su supervivencia ha demostrado que su performance alcanza para el cazador, tal vez por el hecho de que no tiene grandes pretensiones. Si no pretende una trayectoria muy tendida ni una potencia máxima, el 8x57mm es un calibre que no lo defraudará.

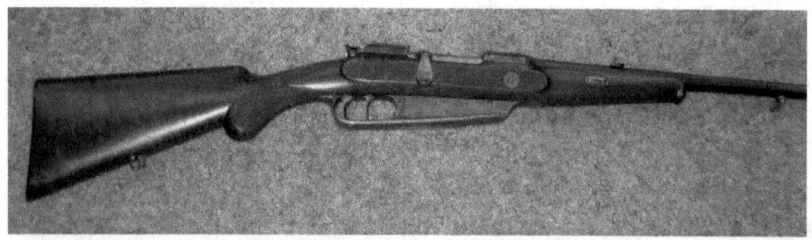

Por supuesto el primer fusil en dispararlo fue el Modelo 1888, que siguió usándose por muchos años como fusil deportivo, tanto en su configuración original militar, como en versiones deportivas, incluso de lujo. Con los años fue adoptado para el famoso Mauser Modelo 1898 y subsiguientes, Kar 98, etc. y siguió en uso como calibre militar hasta el final de la Segunda Guerra Mundial. Fue adoptado por diversas fuerzas armadas del Mundo, incluyendo países como Turquía, China, Egipto y las antiguas colonias alemanas.

7x57mm Mauser (1892)

Este es el calibre más famoso, y uno de los primeros calibres, creados por la afamada firma alemana, para sus nuevos (en aquel momento) rifles a cerrojo y fue un éxito casi instantáneo, tanto como calibre militar, como en su aspecto deportivo. El 7x57mm llegó al mercado junto con uno de los más radicales cambios tecnológicos, el pasaje de las armas de pólvora negra a la pólvora sin humo.

Cabe aclarar que este calibre ya fue analizado en el libro **"Historias de calibres: los porqué de algunos calibres"** ISBN 978-987-42-0327-4, de este autor. Por ello, aquí lo analizaremos someramente.

El 7x57mm Mauser pertenece a lo que podríamos llamar la segunda generación de calibres militares modernos, una vez pasada la crisis de fines de los años 1880. Así, en 1892 la firma Mauser junto con la D.M. (Deutsche Metallpatronenfabrik Lorenz Karlsruhe.) crean un nuevo calibre que disparaba puntas de 7mm. Como dijimos, utiliza una vaina casi idéntica a la desarrollada por la comisión de 1888. Aquí aparece una cuestión curiosa, la base de la vaina del 8x57mm era de 11,95 mm, pero Mauser cuando desarrolla su 7,65x54mm en 1899 decide aumentarla a 12 mm. Por alguna razón que desconocemos, al desarrollar el 7x57mm, vuelve a cambiarla y opta por un diámetro de 12,05mm mientras. A pesar de estas diferencias, en lo esencial son iguales, como lo prueba el hecho de que se fabricara munición para el 7x57mm, usando vainas del 7,65x54mm Mauser, utilizadas por los Boers en Sud África.

Volviendo al 7x57mm Mauser, nace como un calibre militar para los fusiles de la misma marca y fue rapidamente adoptado por un gran número de países. España fue el primer país en adoptarlo así como varios países de Latinoamérica que le siguieron, junto con las dos repúblicas Boers de Sud África.

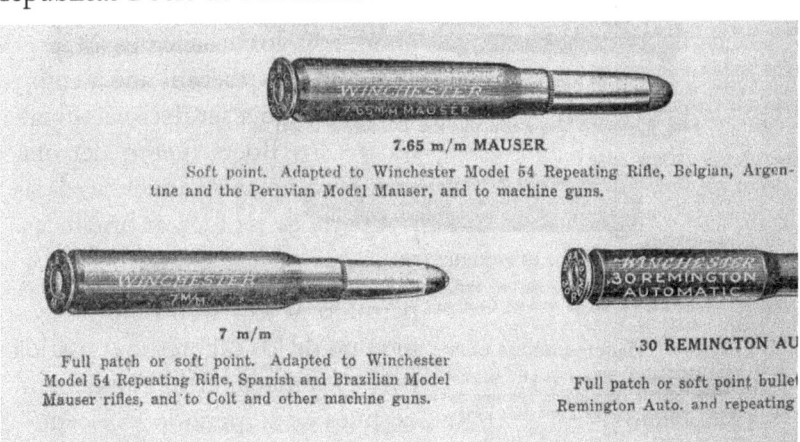

Su desempeño militar fue impecable y dos grandes hitos lo catapultaron a la escena mundial. Uno de ellos, hacia fines del Siglo XIX., fue la Guerra en Cuba, donde las tropas españolas armadas con fusiles y carabinas Mauser en calibres 7x57mm y 7,65x54mm dieron batalla a la otra potencia en ciernes, los Estados Unidos de Norteamérica. En la famosa batalla de "Colina de San Juan", el primero de Julio de 1898, un grupo de 750 soldados españoles, armados con fusiles Mauser, detuvieron durante horas el avance de tres regimientos norteamericanos (unos 15.000 hombres). El excelente desempeño de los Mauser en esta batalla fue decisivo para la adopción, años más tarde, del 30-06 Springfield, por parte de las fuerzas armadas de EE.UU..

El otro campo de batalla donde también brilló el 7x57mm Mauser fue su desempeño en la Segunda Guerra Anglo-Bóer en el Sur de África, donde este pueblo (formado principalmente por descendientes de los colonos holandeses) luchó contra las tropas del Imperio Británico, entre los años 1899 y 1902. Las nuevas técnicas de lucha de los Boers, su mejor adaptación al medio ambiente, junto con los excelentes Mauser 7x57mm, les dieron una ventaja que casi llegó a ser decisiva. Finalmente, los Boers fueron derrotados, pero no sin grandes pérdidas por parte de las fuerzas británicas.

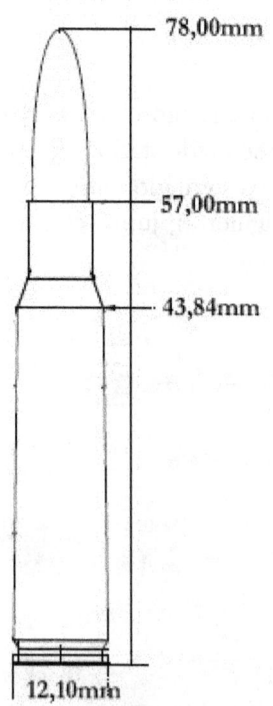

Su balística, sin ser espectacular, le permitió al 7x57mm ubicarse como uno de los calibres más usados para caza mayor en el mundo, aún después de su período "africano". A pesar de que en su momento era considerado un calibre muy veloz y de trayectoria tendida, hoy está ubicado dentro de los calibres de velocidad media. Como todos los 7mm, el 7x57mm Mauser, ofrece un amplio rango de posibilidades, gracias a la gran cantidad de proyectiles que podemos encontrar en el mercado, pero los proyectiles de 175 grains son excelentes ya que logran una velocidad y trayectoria más que aceptable, con un excelente potencial de penetración. Esto le permite un excelente desempeño para la caza mayor, aún con los animales más pesados.

Varios competidores han ido eclipsando, en alguna medida, su popularidad, así el 7x64mm Brenneke compite fuertemente en Europa, mientras que el .280 Remington y el 7-08 en los EE.UU. Este último es tal vez el más fuerte competidor ya que posee idéntica balística a menor costo, tanto en rifles como en munición.

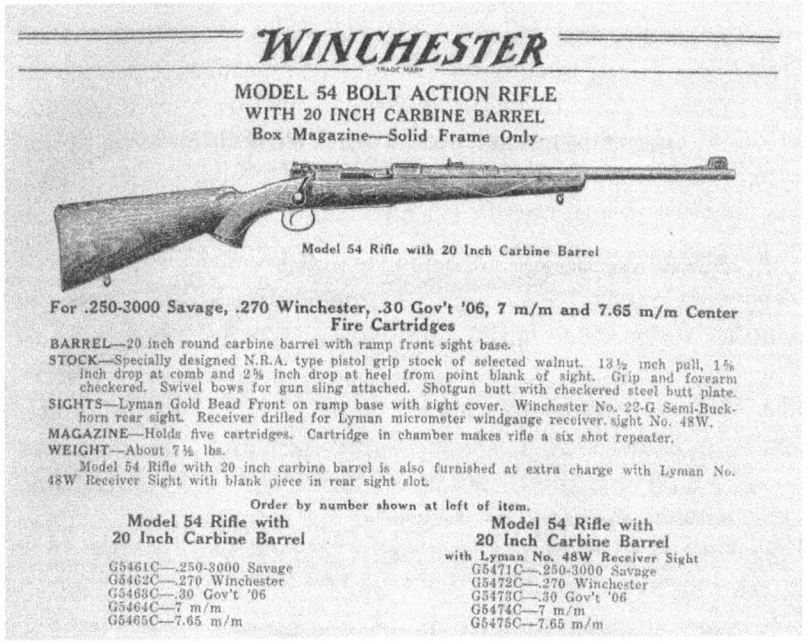

Por supuesto que un calibre con más de 120 años fue recamarado para un gran número de rifles. Mauser, por ejemplo, además de los modelos militares ofrecía modelos deportivos en este calibre. Dentro de los modelos militares encontramos el fusil M93 español, el

M94 brasilero, el M95 de Chile, Uruguay, China, etc.. Entre los deportivos, casi todos sus modelos clásicos, A, B, M, etc.. Por otro lado, siendo un calibre originalmente militar, el 7mm Mauser fue recamarado para muchos otros fusiles como los Mannlicher, Sauer, Sako, etc.. Tal vez hoy resulte extraño que la firma norteamericana Remington, ofrecía su Modelo N°5, monotiro con sistema Rolling Block, la versión de pólvora sin humo, en 7x57mm, entre otros calibres militares. Winchester también recamaró en 1925, su Modelo 54 en varios calibres que incluían los tres calibres militares más populares de la época, el .30-06 Spr., el 7,65x54mm y, por supuesto el 7mm Mauser.

.275 Rimless (1907)

Esta es la versión inglesa del 7x57mm y ambos son idénticos e intercambiables. El .275 se convirtió también en un calibre deportivo famoso gracias a John Rigby que le abrió al 7x57mm la puerta grande del mundo deportivo. Siguiendo la particular idiosincrasia de los armeros ingleses, J. Rigby introduce en 1907 un calibre de su propiedad, el .275 Rimless, que no era otro que el 7x57mm Mauser con sus propias cargas y marcajes.

J. Rigby & Co. fue el único representante de la firma Mauser para el Reino Unido (y sus colonias) desde el año 1898 hasta bien entrado el Siglo XX. Esto significaba que cualquiera que quisiera ofrecer rifles Mauser debía comprarlos a J. Rigby, y este monopolio tuvo grandes influencias en el mercado armero británico. El resto de los fabricantes ingleses pronto se dieron cuenta del valor comercial de este calibre y empezaron a ofrecerlo en sus propias líneas. Así, por lo general, se lo denominó simplemente .275 Rimless, es decir, ".275 sin reborde", pero también .275 Bland, .275 Cervorum o incluso .276, como para crear un poco más de confusión.

El .275 Rimless logró gran fama en la caza de todo tipo de animales en las colonias británicas, debido al uso de proyectiles pesados de forma redondeada (roundnose). Como vimos al hablar del 8x57mm, la alta densidad seccional de los proyectiles del 7x57 hacían que tuvieran un gran potencial de penetración y por ello lograron mucha aceptación para la caza mayor africana. El rápido desarrollo de las puntas de mejor balística, conocidas como "spitzer", por parte de las dos principales potencias que participarían de las grandes guerras del Siglo XX, EE.UU. y Alemania, pusieron en inferioridad de condiciones al 30-06 y al 8x57mm alemán, a la hora de ser utilizados para caza mayor con bala sólida.

Los rifles deportivos ingleses en calibre .275" Rimless que se convirtieron en verdaderos clásicos y hoy tienen precios astronómicos, para un simple fusil a cerrojo. Dentro de la industria armera británica, muchos fusiles europeos eran ofrecidos, incluso en su versión militar original. Los cazadores del Reino Unido y sus colonias preferían comprar un Mauser a un fabricante inglés que al fabricante original porque se aseguraban un funcionamiento más suave y seguro, además de la famosa garantía Inglesa.

La familia europea

A esta familia pertenecen varios calibres ya casi olvidados y con poca popularidad como el 6,5x57mm, desarrollado en 1894; el 9,3x57 mm de 1903; el 6x57 mm y el 9x57 mm, ambos del año 1904, el casi desconocido 6,8x57mm Chino de los años 1906/7 y, finalmente el 5.6x57 RWS introducido en 1964.

Una aclaración que debemos hacer es que la gran mayoría de los calibres deportivos europeos proviene del desarrollo de grandes fabricantes junto con los fabricantes de munición. Dada la escasez de cartuchos novedosos en el período de la última década del Siglo XIX y hasta la Primera Guerra Mundial, los fabricantes de armas estaban dispuesto a probar cada opción posible en calibre y vaina. Por el contrario, en el mismo período en los EE.UU. eran los deportistas quienes hacían pruebas en busca de nuevos calibres. Mientras tanto, los grandes fabricantes se conformaban con utilizar calibres militares y algunos pocos deportivos modernos.

A continuación analizaremos algunos de los miembros europeos de la familia del 8x57mm:

7x57mm   8x57mm   9x57mm

6,5x57mm, desarrollado hacia 1893-1894 como versión del 7x57 Mauser con el cuello reducido para sujetar una bala de 6.5mm, más liviana y rápida. Durante la última década del Siglo XIX se crearon gran variedad de cartuchos de pequeño calibre entre el 6mm y el 8mm en busca de una combinación perfecta. El 6,5x57mm fue un calibre netamente deportivo, tal vez el primer calibre deportivo moderno desarrollado por Mauser. Recordemos que los otros calibres, 7,65x54mm, 7x57mm eran calibres militares.

9,3x57 Mauser, basado en el 8x57mm Mauser militar, con la boca ensanchada para adaptar proyectiles de mayor diámetro, para aquellos cazadores que preferían utilizar proyectiles de grueso calibre y/o cazaban fauna pesada. Fue introducido en el año 1903, para los rifles deportivos Mauser y Mannlicher. Excepto por utilizar un proyectil de diámetro mayor, es casi idéntico a el 9 x 57mm. Sigue manteniendo algo de popularidad en los países escandinavos.

9x57mm, cartucho del año 1904 y logró alguna popularidad en Alemania, sus colonias africanas y en Europa Central para la caza mayor pesada.

9,5x57mm Mannlicher Cartucho diseñado en Austria en 1908, pero introducido al mercado recién en 1910 junto con el famoso fusil Mannlicher-Schönauer M-1910. Pensado para la caza africana, aunque no dio muy buen resultado y fue desplazado por los calibres ingleses de mayor potencia. Tuvo también alguna popularidad en las colonias británicas donde se lo denominó .375 Rimless Nitro Express x 2¼.

6,8x57mm, desarrollado de los años 1906/7 y China lo adoptó para el fusil Mauser Modelo 1907. Este calibre y su hermano el 6,8x64mm, son considerados como antecedentes del .270 Winchester, ya que comparten el mismo diámetro de proyectil. Debido al inicio de la Primera Guerra Mundial en 1914, la mayoría de los fusiles no llegaron a China. Los rifles que no fueron entregados, se reformaron para disparar el 8x57mm y se entregaron a las tropas alemanas. En 1917 China abandonó totalmente este calibre y adoptó el rifle "Hanyang" en calibre 8x57 J.

Historias de Calibres 2

5.6x57 RWS fue el último calibre europeo introducido en 1964 por los técnicos de la firma alemana RWS. Aunque se basa en el 7x57 el ángulo del hombro es de 17,4 grados, similar al del .25 Roberts original (el que veremos enseguida), distinto a los 20,75 grados del 7x57. A pesar de su nombre, el 5.6x57 usa proyectiles de 5.56mm (.224 pulgadas).

.257 Roberts (1934)

Este fue el primero de los calibres derivados del 8x57mm, creado en los EE.UU., que se convirtió en un calibre comercial. En realidad, para ser estrictos, el .257 Roberts sería en verdad, un nieto del 8x57mm, ya que deriva del 7x57mm Mauser.

Los primeros años del Siglo XX fueron verdaderamente notables en el mundo de las armas. Los calibres modernos ya se habían afianzado y los viejos calibres de pólvora negra eran prácticamente obsoletos, pero no había gran variedad de calibres modernos de donde elegir. Fue por ello, que muchos armeros, deportistas y técnicos comenzaron a experimentar con el material disponible en busca de nuevos calibres, con mejores prestaciones. Paralelamente, se fueron creando mejores proyectiles y nuevas pólvoras que permitieron aprovechar estos nuevos desarrollos. Por esos años se desarrollaron pólvoras emblemáticas como la Unique y la 2400.

En los años 1920, Ned Roberts realiza gran cantidad de ensayos con la vaina del 7x57mm Mauser, a la que le reduce el cuello para montar puntas

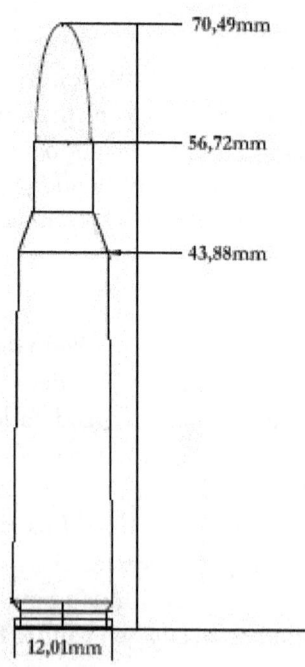

.257 Roberts

de .257 pulg. (6,35mm). El .25 (0,257 pulg.) era un calibre de gran popularidad por esos años, gracias, entre otras cosas al éxito del .250-3000 Savage, primer calibre comercial que alcanza los 3.000 pies/seg. de velocidad en la boca.

N.H. Roberts fue una persona notable en el mundo de las armas, inmortalizado por Remington al comercializar su calibre, el .257 Roberts, y por su excelente libro (uno de mis preferidos) "The Muzzle-Loading Cap Lock Rifle". Nacido en 1866, cuando las armas de avancarga todavía tenían vigencia en los EE.UU., fue participe del desarrollo de las armas modernas durante la primer mitad del Siglo XX. Dado el éxito del .25 Krag-Mann (un wildcat calibre .25 con la vaina del .30-40 Krag) y considerando los avances de las pólvoras desde el desarrollo de este calibre, Roberts empieza a realizar ensayos con la vaina del 7x57mm Mauser durante meses, probando diferentes puntas, caños y recámaras, con la ayuda de sus amigos F.J. Sage and A.O. Neidner. Finalmente decide usar un hombro de 15 grados para mantener las presiones bajas, siguiendo los consejos del Coronel Whelen y L. C. Weldin, ingeniero balístico de Hercules Powder Company. Además, acortó la vaina un poco, dejándola en 2.160", para su .25 Roberts.

A.O. Neidner, armero y fabricante de rifles de Michigan (Niedner Rifle Co.), fabricó los caños para el nuevo cartucho y en 1928, fabricó el primer rifle comercial en este calibre. En 1930, Griffin & Howe de New York, comenzó también a fabricar rifles y munición para una versión de este calibre, con la vaina sin recortar, para simplificar su fabricación. Se constituyó así otra versión del calibre conocida como 25 G & H Roberts.

Luego, en 1934, Remington modificó el diseño original aumentando el ángulo del cuello de 15 a 20 grados, el ángulo original de 7x57mm Mauser y conservó el nombre del diseñador original. Lo oficializó definitivamente recamarando su Model 30-S Express. También para facilitar la fabricación de la munición, también se dejó la vaina sin cortar y para evitar confusiones con el calibre original de Roberts, se lo llamó .257 Remington Roberts y se marco 257 REM, en el culote. En 1935, Winchester se une al grupo con su propia versión, el

.257 Winchester Roberts. Estos cartuchos estaban marcados como .257 Roberts en el culote, denominación que terminó por imponerse para todos los fabricantes.

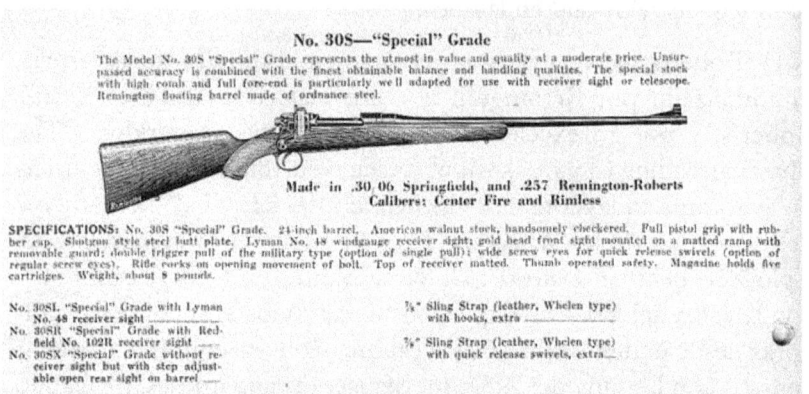

Entonces hubo tres .25/.257 Roberts diferentes, la versión original con hombro de 15 grados y vaina recortada, la versión de Griffin & Howe con hombro de 15 grados y vaina larga; y finalmente la versión comercial, con hombro de 20 grados y vaina larga. La versión comercial del .257 Roberts fue presentada por Remington en 1934, su rifle Modelo .30 de cerrojo. Pronto Winchester también recamaró su Modelo 54 y mas tarde el Modelo 70. El Remington 722 de cerrojo y el 760 de corredera también se construyeron en este calibre. Otras marcas también fabricaron rifles para el .257 Roberts, pero ha ido desapareciendo de los catálogos de casi todas ellas, salvo Ruger que aún lo sigue ofreciendo para su modelo 77 de cerrojo.

El .257 Roberts era un cartucho muy versátil y novedoso en su momento aunque la elección balística original de Remington, proyectil de 117 grains Round Nose, no fue la mejor para aprovechar las posibilidades del calibre. Con una velocidad en la boca de 2.650 pies/seg. no ofrecía ninguna ventaja sobre el conocido .250 Savage. Sin embargo, mediante la recarga podían aumentarse las prestaciones en forma notable.

Pero, a mediados de la década de 1950, los calibres 6 mm comienzan a eclipsar al .257 Roberts, debido a que Remington seguía ofreciendo su munición con la vieja balística. Además, el calibre de Roberts ya tenía sus años y los 6mm parecían más novedosos. Los distintos fabricantes comenzaron a retirar el .257 de sus opciones y a agregar al 6 mm Remington y al .243 Winchester.

Winchester deja de ofrecer su Modelo 70 en .257 Roberts en el año 1959, pero a mediados de los 1980 comienza a ofrecerlo nuevamente en versión +P, una munición con entre 5 a 7 por ciento más de velocidad que la munición de Remington. La munición +P lanzaba un proyectil Power-Point de 117 grains a 2.780 pies/seg. Con esta nueva balística en .257 Roberts supera al .243 Win. y al 6 mm Rem. en trayectoria y balística terminal.

6mm Remington (1955)

En la década de 1940 los wildcatters seguían ensayando nuevos calibres. Fred Huntington (de RCBS) tomó la vaina del .257 Roberts, le redujo el cuello para aceptar puntas de 6mm y le cambió el ángulo del hombro a 32 grados, nace así el .243 Rockchucker.

En los 1950 los ingenieros de Remington empezaron ensayos en la búsqueda de un nuevo 6mm para cazar desde plagas (varmint) hasta ciervos. Aprovechando experiencia acumulada con el .257 Roberts, decidieron usar su vaina como base. En 1955, Remington y Winchester lanzan al mercado sendos calibres 6mm. El de Winchester fue el famoso .243 Winchester, partiendo de la vaina del novísimo .308 Winchester, mientras que Remington lo hace con el llamado .244 Remington, con la vaina de Huntington y un hombro de 26 gra-

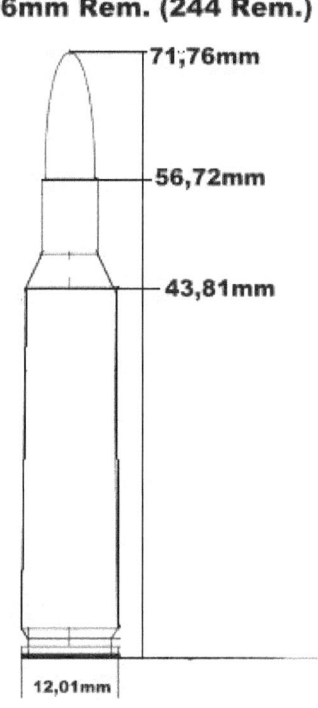

Historias de Calibres 2

dos. Ambos calibres tienen similares prestaciones, pero gracias a su cuello un poco más largo, el .244 era preferido por los recargadores del momento. La mayor diferencia entre estos dos calibres radicaba en que Winchester lo desarrolló como una combinación de varmint y caza mayor liviana (ciervo y antílope) y por eso colocó en sus rifles caños con estrías de 1 en 10, es decir una vuelta en 10 pulgadas. Esto permitía tirar con igual precisión proyectiles livianos para varminter y pesados para caza mayor. Remington, por otro lado, vio su .244 como un calibre varmint y montó caños con paso de estría de 1 en 12, que se adaptaban a puntas de 75 a 90 grains. El problema fue que esos caños no estabilizaban puntas más pesadas de 100 grains o más y eso le quitaban versatilidad al .244, frente al .243. El resultado fue que el .243 Winchester se hizo popular enseguida y en .244 Remington casi desapareció.

Martín L. Godio

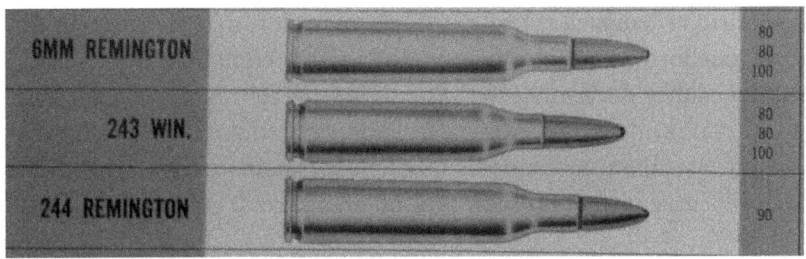

En 1963 Remington reconoce su error y cambia el estriado de sus caños de .244 de 1 vuelta en 12 pulgadas por caños de 1 vuelta en 9 pulgadas, que permitía estabilizar todos los proyectiles disponibles en el mercado. Pero el daño ya esta hecho y era muy difícil que el .244 Remington recobrara popularidad luego de tantos años. Por eso, buscando que el calibre renaciera de sus cenizas, lanza el 6mm Remington, que no es más que el .244, con el nuevos paso de estrías y su munición correspondiente. Sin embargo, ya era tarde y el 6mm Remington nunca pudo siquiera alcanzar la popularidad del .243 Winchester. Un hecho notable es que, en algunos catálogos, el 6mm Remington y el .244 Remington aparecen como calibres diferentes, el primero con puntas de 80 y 100 grains y el segundo solo con puntas de 90 grains.

Poco puede agregarse sobre la balística del .244/6mm Remington, más allá de lo comentado al relatar su historia. A pesar de su pequeña

superioridad balística sobre el .243 Winchester, mayor volumen de carga, cuello más largo, nunca pudo siquiera equiparar la popularidad del calibre de Winchester. Por supuesto, Remington además de su original modelo 722, ofrecía su famoso Modelo 700 en este calibre, pero también sus modelos más icónicos como el 760 a trombón y el 740 semiautomático fueron populares en este calibre.

La Familia del .30-30 Winchester

Esta familia, a pesar de tener menos miembros que la anterior, tiene varias características notables, por un lado, el calibre "padre", conocido originalmente como .30 Winchester Smokeless, fue el primero diseñado por esta famosa firma para utilizar exclusivamente pólvora sin humo. Por otro, este calibre logró mantener su vigencia por más de 120 años, lo cual no es poca cosa. Y, por último, la familia completa dio origen a otra familia que, aunque no logró mantener su vigencia, fue un notable desarrollo para su tiempo, estamos hablando de los calibres que Remington desarrolló en la primera década del Siglo XX para sus rifles y carabinas modelo 08 y 14.

A fines del Siglo XIX, Winchester desarrolló el rifle Modelo 1894, un rifle a palanca diseñado por el famoso John Moses Browning, que fue originalmente recamarado para dos calibres de pólvora negra, el .32-40 y el .38-55. Pero luego, en 1895 fue utilizado como plataforma para lanzar al mercado el famoso .30 WCF (Winchester Center Fire), hoy conocido simplemente como .30-30 y otros dos calibres deportivos, el .25-35 Winchester y el .32 Winchester Special.

Historias de Calibres 2

.30-30 Winchester (1895)

En 1891, Winchester Repeating Arms Company empezó a realizar pruebas con las novedosas pólvoras sin humo, con la idea de desarrollar un calibre moderno de alta velocidad. Luego de muchas pruebas se decidió por el calibre .30 pulgadas debido a la experiencia que había acumulado mientras trabajaba junto con las fuerzas armadas de los EE.UU. en el desarrollo del .30 U.S. Army (.30-40 Krag). Este fue un cambio notable ya que, por esos años, el calibre más popular dentro de esos diámetros era el .32 pulgadas, es decir el 8mm.

Para el nuevo cartucho, decidió utilizar la vieja vaina del .38-55 Ballard (1884) o .38-55 W.C.F., con el cuello reducido para montar una punta encamisada de 160 grains. Nace así el .30 Winchester Smokeless, es decir ".30 Winchester sin humo", haciendo referencia al uso de pólvoras sin humo y estampado en el culote como .30 W.C.F. (Winchester Center Fire). Este calibre aparece por primera vez en el catalogo No. 55, de Agosto de 1895.

U. M. C. Primer.	"SMOKELESS" CENTRAL-FIRE MILITARY & SPORTING CARTRIDGES.		Style of Bullet.
No. 8½	7 m-m	Mauser (175 bullet)	Metal Cased
" 8½	7.65 m-m	" (216 bullet)............	" "
" 8½	8 m-m	Mannlicher (236 bullet)............	Soft Point
" 8½	8 m-m	" (227 bullet)............	Metal Cased
" 8½	236-125	Remington............................	" "
" 6½	25-36-106	Marlin............................	Soft Point
" 6½	25-36-117	Winchester	" "
" 6½	30-30-160	" & Marlin.........	Metal Cased
" 6½	30-30-170	" "	Soft Point
" 8½		Remington	Metal Cased

Por esos años, la pólvora negra reinaba en la cartuchería militar y deportiva, pero su uso provocaba varios problemas. Por un lado, el humo que generan luego del disparo, dificultaba la visión, un serio problema en el campo militar y provocaba una importante acumulación de residuos dentro del cañón del arma. Esto último provocaba problemas de precisión y dificultaba la limpieza luego del uso. Las pólvoras sin humo solucionaban ambos problemas.

Pocos meses después de que Winchester comenzara a publicitar su nuevo calibre, Marlin Firearms Company, su principal competidor del momento, presenta una versión propia del mismo para ser disparada desde su rifle Modelo 1893. Marlin desarrolla este calibre con ayuda de Union Metallic Cartridge Company (U.M.C.). El calibre era en realidad una copia del .30 WCF con otro nombre. Como la carga original de este calibre de era de 30 grains de pólvora sin humo, U.M.C. lo denominó .30-30, como era costumbre hacer con los calibres de pólvora negra. Por aquellos años, para poder diferenciar diferentes calibres que disparaban el mismo proyectil pero con distinta potencia (o carga de pólvora), se indicaba primero en calibre y luego la carga de pólvora usuales (en grains) como en los casos del .44-40 Winchester o el .45-70 Gov., por ejemplo. En los registros de Winchester de 1895, se indica que usaba 30 grains de pólvora DuPont sin humo.

La primera munición de Winchester montaba una punta encamisada (metal patched) de 160 grains, con una velocidad en la boca de 1.970 pies/seg. mientras que la munición de U.M.C./Marlin usaba tanto puntas de 160 grains como de 170 grains, a una velocidad similar.

En diciembre de 1896, aparece una munición muy curiosa, el .30 W.C.F. "Short Range" identificado como .30-6-100 que utilizaba una punta de plomo de 100 grains, impulsada por apenas 6 grains de pólvora. Tenia por objetivo ser usada para caza menor con la balística del pequeño .32-20 W.C.F. Pocos meses después Marlin se puso a la par con su .30-30 Marlin Smokeless "Short Range" hecho también por U.M.C. En 1904, Winchester aumentó el peso de la punta de 100 to 117 grain y al año siguiente empezó a ofrecer esta munición con punta encamisada. Este munición presenta una canaleta en el cuello, cuyo objetivo inicial era evitar que con el retroceso del rifle, la punta fuera empujada hacia dentro por el culote del cartucho siguiente, dentro del cargador tubular.

Winchester mantuvo su denominación y marcajes del culote como .30 W.C.F. hasta 1917, cuando adopta la ya clásica denominación de .30-30 Winchester. Por esos años ya era tan popular que podía dispararse desde el Winchester 1894, el Marlin 1893 y el Savage 99, como atestigua el mismo catálogo de 1917 de Winchester.

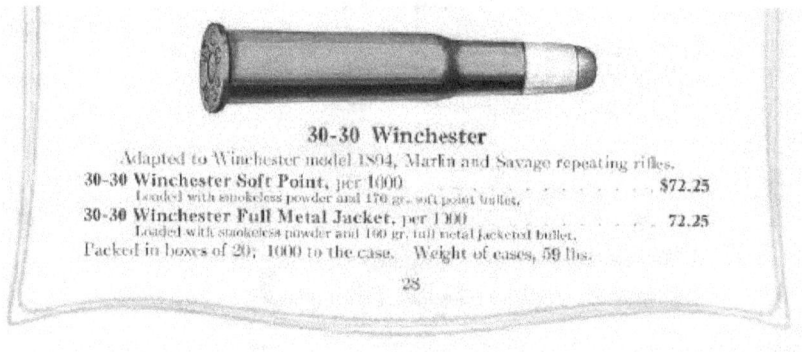

A lo largo de esos años, este calibre tuvo muchas denominaciones, según conveniencia del fabricante: .30 Winchester Smokeless, .30 Winchester, .30 W.C.F. .30-6-100 .30 Marlin .30-30 Marlin Smokeless, .30-30 S., .30-30 W.C.F., .30-30 Win., .30 American (Federal), DWM 543 (Alemania) 7.62x51R (Europa)

En su momento, fines del Siglo XIX, la balística del .30 Winchester era la normal de los calibres militares d la época como el 8x57mm, el .30-40 Krag o el 7,65x54 mm Mauser, pero al ser un calibre deportivo se disparaba desde armas más prácticas que los pesados fusiles militares. El .30 Win. y el modelo 94 fueron un éxito comercial al momento y se mantuvieron gracias a las virtudes del conjunto arma-cartucho, potencia aceptable para la época, un conjunto compacto y muy cómodo de transportar, gran volumen de fuego y velocidad de repetir los tiros. Sin embargo, con los años y los avances tecnológicos, las prestaciones del .30-30 se fueron opacando, pero su balística siguió vigente en las zonas boscosas donde los disparos rara vez superan los 150 metros. En cambio en las zona más abiertas del Oeste norteamericano los nuevos calibres de alta velocidad y luego los Magnum eclipsaron notablemente al .30-30 Winchester.

Una gran limitación del calibre es consecuencia del rifle que lo dispara, el Winchester 1894 que posee cargador tubular. Los cartuchos se almacenan dentro de un tubo metálico debajo del caño y el fulminante de cada cartucho entra en contacto con la punta del cartucho posterior y, a su vez, su punta entra en contacto con el fulminante del cartucho anterior. Si el proyectil fuera muy puntiagudo, se corre el riesgo de que, con el retroceso, se encienda un fulminante activando una verdadera cadena de disparos dentro del cargador que hará que este estalle. Por eso, la munición .30-30 de casi todas las marcas utiliza puntas chatas o por lo menos bastante redondeadas, de muy pobre balística.

Pero ese mismo defecto, el Winchester 1894 se vuelve virtud en otros aspectos. A pesar de todas las limitaciones balísticas mencionadas, el .30-30 sigue siendo un calibre de gran popularidad sobre todo en los EE.UU. debido a la practicidad del conjunto arma-cartucho. El rifle a palanca fue el arma norteamericana por definición a pesar de diversos intentos como los de Remington por reemplazarlo con rifles semiautomáticos o a trombón. Fue el arma de caza más popular hasta la Primera Guerra mundial. Los soldados norteamericanos que volvía de los campos de batalla, habían aprendido a apreciar las virtudes de los fusiles de cerrojo tipo Mauser y Springfield y comenzaron utilizarlos para cazar en los EE.UU. A medida que los fabricantes se dieron cuenta de este nuevo mercado y comenzaron, en la década de 1920, a ofrecer nuevos modelos.

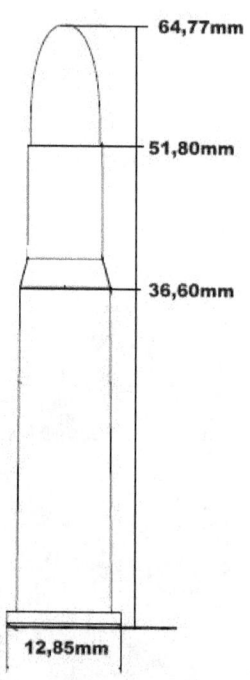

.30-30 Winchester

A pesar que el Winchester 94 no tiene la potencia ni la balística de calibres más potentes como el .308 Win. o el .30-06 Spr., debido a su baja presión de trabajo, puede ser disparado desde armas más livianas y maniobrables, como el caso del Winchester 94. Este conjunto arma-cartucho, mantuvo vigencia por más de 120 años con altibajos, hasta nuestros días.

En la década de 1970 el calibre tuvo un curioso resurgimiento con la aparición de la pistola Thomson/Center y la caza con arma corta. Esta curiosa pistola monotiro de quebrar, se adaptaba perfectamente a los viejos calibres de fin del Siglo XIX y principios del XX como el .30-30 Winchester y el .35 Remington. Estos calibres, que disparados desde un rifle carecían de alcance efectivo (respecto de otros rifles), al ser disparados desde una pistola lograban despertar gran interés en el publico cazador. No es que la pistola mejorara la performance del calibre, sino que para las expectativas de un cazador munido de un arma corta, 100 metros de alcance es considerable. A pesar de la perdida de velocidad que sufre el .30-30 Win. al ser disparado desde un caño de 14 pulgadas, la posibilidad de usar proyectiles puntiagudos (spitzer) compensa su pobre balística.

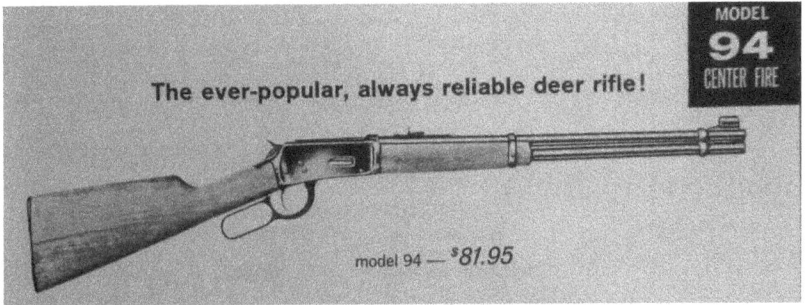

Como vimos, se ofreció munición con los más diversos pesos de punta desde las de plomo de 80 grains para caza menor hasta las tradicionales puntas de 170 grains para caza mayor. Muy notable fue la munición "accelerator" de Remington que, mediante una copa plástica, permite disparar puntas de 55 grains calibre .223 pulg. desde un .30-30 logrando velocidades del orden de los 3.400 pies/seg., pero presentaba problemas de precisión.

Por supuesto que el Winchester 1894 sigue siendo el arma emblemática del calibre y lo fue por más de 120 años. Sin embargo se recamaró gran número de armas para este calibre aprovechando su potencia, pequeño tamaño y relativamente baja presión. Se utilizó para distintos tipos de armas como el nombrado Marlin 1893, el Savage 99 y otros pocos modelos a cerrojo, así como otras marcas menos conocidas como Mosberg en un extraño modelo a palanca. Posteriormente, Marlin lo utiliza para su más moderno Modelo 336, a palanca, en 1948. Curiosamente, Remington entre los años 1967 y

1980 recamaró su Modelo 788 a cerrojo para el .30-30 Winchester. El .30-30 Winchester fue el calibre elegido por Harrington & Richardson para su primer rifle, basado en un acción de quebrar, como las de sus escopetas, pero reforzada. También fue elegido por Thompson-Center para su pistola monotiro "Contender" que aún hoy sigue vigente.

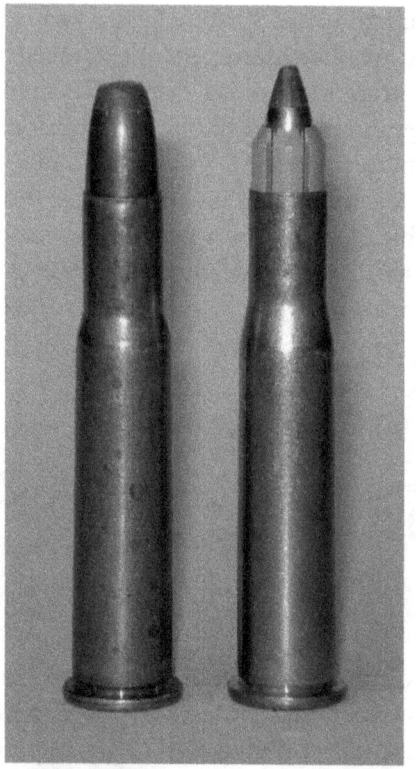

.303 Savage (1895)

Como si la competencia inicial de Marlin no hubiera sido suficiente para Winchester, en el mismo año 1895, Arthur W. Savage comienza a comercializar un modernísimo rifle a palanca con cargador rotativo. Este rifle presentaba novedades muy interesantes y novedosas respecto de los rifles del Winchester. En primer lugar, utilizaba un martillo interno y líneas mucho más estilizadas. El cargador era rotativo con un funcionamiento muy suave y la punta de los cartuchos no entraba en contacto con los fulminantes contiguos, lo que permitía utilizar cualquier tipo de munición.

Para este rifle, Savage desarrolla su propio calibre, al que denomina .303 Savage y lo comienza a fabricar en Agosto de 1895. Para su calibre usa una vaina similar a la del .30-30, con el cuello un poco más largo y una balística similar, aunque ambos no son intercambiables. Según las publicidades de la época la balística de su munición sin humo era un poco mejor que la de .30-30, con proyectil punta blanda de 190 grain y una velocidad inicial de 2.000 pies/seg.

En su origen se lo denominaba de varias maneras, tanto .303 Savage como .30 Savage, aunque esta denominación se abandonó rapidamente. Se dice que Savage optó por el .303 para lograr promoción en Canadá, donde el .303 British era el calibre oficial. Curiosamente, tuvo una tercera denominación utilizada en el Reino Unido, la de .301 Savage. La explicación, aunque resulta contradictorio con lo antedicho, es que se hizo, precisamente, para evitar confusiones con el calibre militar oficial, el .303 British.

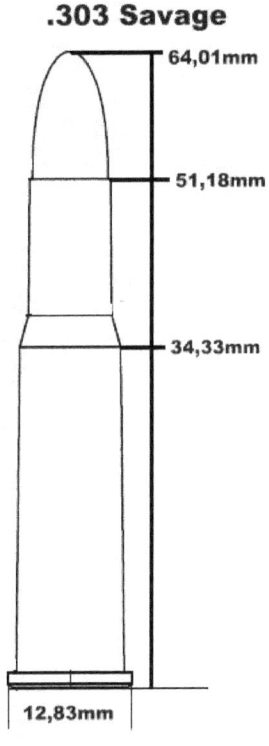

La primera munición para el .303 Sav. montaba efectivamente puntas de 0,311 pulgadas de diámetro, como el .303 British. Pero, a pesar de esto, los cañones de los rifles Savage tenían caños de 0,308 pulgadas de diámetro interno. Aparentemente para la Primera Guerra Mundial se cambió el diámetro de las puntas a 0,308 pulgadas, para ajustarlas mejor a los caños. Pero esta no es la única curiosidad del .303 Savage ya que desde un principio Savage ofreció también munición de pólvora negra. Savage ofrecía seis opciones de munición .303 Savage, la No. 1 "Regular", con pólvora sin humo y punta totalmente encamisada; la No. 2 "Expanding", igual que la anterior, pero con punta expansiva, la No. 3 "Black Powder" de menor potencia, cargada con pólvora negra; la No. 4 "Miniture Lead", con carga y punta más liviana y una balística similar a la del .32-20; la No. 5 "Paper Patched" con punta de plomo cubierta con papel y, por ultimo, la No. 6 "Miniature, metal covered", igual a la No. 4, pero con proyectil encamisado. En el catalogo de UMC de 1896 aparece como .30 Savage, cargado solo con pólvora negra.

Recién en el catálogo de 1899 aparece también munición de pólvora sin humo.

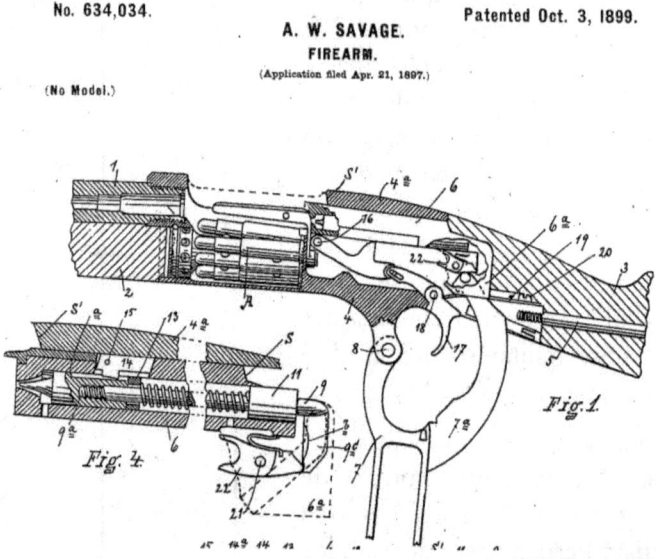

Otro detalle curioso de la munición del .303 Savage es que, al igual que la del .30-30 Win. utiliza proyectiles redondeados, esto a pesar que el cargador del Savage 99 es del tipo rotatorio y permite el uso de proyectiles puntiagudos o spitzer sin problemas. Esto se debe al diseño mismo de la vaina, tan parecido al del calibre de Winchester. Estas vainas (ambas) poseen un cuello muy largo, por lo que al utilizar puntas spitzer, el largo de la ojiva obliga a colocarlos muy adelante, por lo que el cartucho queda demasiado largo. La única opción es utilizar proyectiles más livianos (y cortos) de a lo sumo 130 grains.

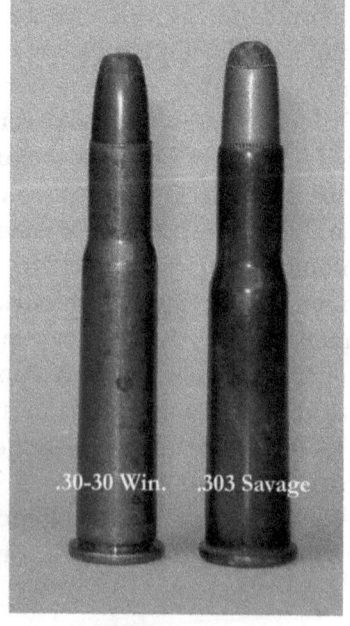

Savage corrigió posteriormente este problema en sus .250-3000 y .300 Savage de 1913 y 1920 respectivamente.

Este es un calibre obsoleto desde hace muchos años. Tal vez la razón esté en la capacidad comercial de Savage, que comenzó a ofrecer su Modelo 99 en .30-30 Winchester. A pesar de su mayor costo, casi el doble del Winchester 94, el Savage 99 logró bastante popularidad y ante la opción de comprar el 99 en el extraño .303 o en el muy popular .30-30, pocas dudas cabían. A pesar de que tiene la misma balística del popular .30-30 Winchester, el .303 Savage terminó siendo apenas una curiosidad en el mundo de los calibres.

.25-35 Winchester (1895)

Este fue el segundo calibre de pólvora sin humo de Winchester, introducido en 1895 también para el Modelo 1894, utilizado la vaina del .30-30 con el cuello reducido para montar puntas calibre .257 pulgadas. Se ofrecía como un calibre para caza menor y caza mayor liviana como antílopes y pequeños ciervos.

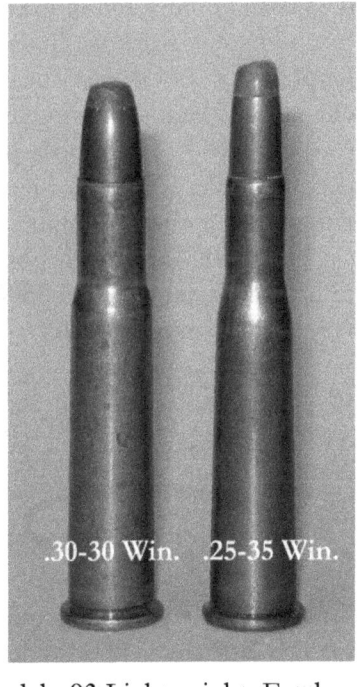

Pero igual que con el .30-30 Marlin, en 1895, esta firma ya tenia un calibre similar, el hoy casi desconocido .25-36 Marlin. Con una vaina un poco más larga que la del .25-35 Win., por lo que no son intercambiables, salvo casos excepcionales cuando se dan problemas de tolerancia en las recámaras. Este cartucho diseñado para los rifles Marlin 1893 fue adoptado en el año 1895, para su rifle de palanca modelo 93 Lightweight. Estaba cargado con pólvora sin humo y sobrevivió hasta principios de la década de 1920.

El .25-35 Winchester ofrecía una balística bastante mejorada si la comparamos con la del .30-30, mayor velocidad y trayectoria un poco más plana, pero a costa de disparar proyectiles más livianos. Como era mucho más potente que el otro .25 de Winchester, el .25-20 Winchester, el .25-35 WCF podía usarse para cazar ciervos pequeños a mediana distancia. Su balística era excelente para la época, con proyectiles de 117 grains a 2.400 pies/seg era un calibre notable. El único problema balístico de este calibre era que también usaba puntas redondeadas y planas (round nose y flat nose) y esto se debía (también) a las características del arma que las disparaba, como vimos en el caso del .30-30. Hoy puede parecer que la balística del .25-35 no fuera muy tentadora, sin embargo durante las dos décadas del cambio de siglo (1890 a 1910) fueron muy populares los calibres pequeños para todo tipo de caza, tanto el .25-35 Win. como, incluso el .22 Savage, que veremos en un momento.

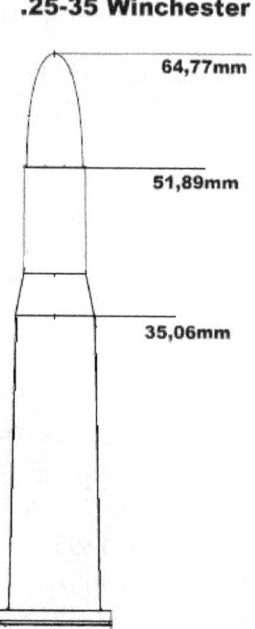

.25-35 Winchester
64,77mm
51,89mm
35,06mm
13,35mm

U.M.C. Primer.	"SMOKELESS" CENTRAL-FIRE MILITARY and SPORTING CARTRIDGES.		Style of Bullet	Cart'dges Per M.	Primed Shells Per M.	Bullets Per M
No. 8½	7 m-m	Mauser (175 bullet)	Metal Cased	$50.00	...	...
" 8½	7.65 m-m	" (216 bullet)	" "	50.00	...	...
" 8½	8 m-m	Mannlicher (236 bullet)	Soft Point	50.00	20.00	15.00
" 8½	8 m-m	" (227 bullet)	Metal Cased	50.00	20.00	15.00
" 8½	25	Remington		50.00	20.00	15.00
" 6½	25-36-106	Marlin	Soft Point	33.00	15.00	5.00
" 6½	25-35-117	Winchester	" "	33.00	15.00	5.00
" 6½	30-160	& Marlin	Metal Cased	38.00	18.00	6.00
" 6½	30-30-170	"	Soft Point	38.00	18.00	6.00

No hubo muchas armas recamaradas para el .25-35 Winchester, además de distintas versiones del Winchester 1894, era un calibre muy popular en el rifle monotiro de Winchester, el modelo 1885 High Wall.

.32 Winchester Special (1902)

En el catálogo N° 69, del año 1902, Winchester presenta otro nuevo calibre, el .32 Winchester Special que retoma los clásicos calibre .32 pulg.. Resulta muy curiosos que Winchester se tomara el trabajo de desarrollar un nuevo calibre tan similar al exitoso .30-30. Si comparamos las balísticas de ambos no encontramos diferencias considerables. Mientras el .30-30 Winchester con su carga original y punta de 160 grains, tenía 1.970 pies/seg. de velocidad en la boca; el nuevo .32 Winchester Special, con proyectil de 170, desarrollaba 2.050 pies/seg.. Es decir que por elegir el .32 Win. Spl. obteníamos un incremento de 80 pies/seg. en la velocidad inicial, con una punta que solo pasa 10 grains más. Si

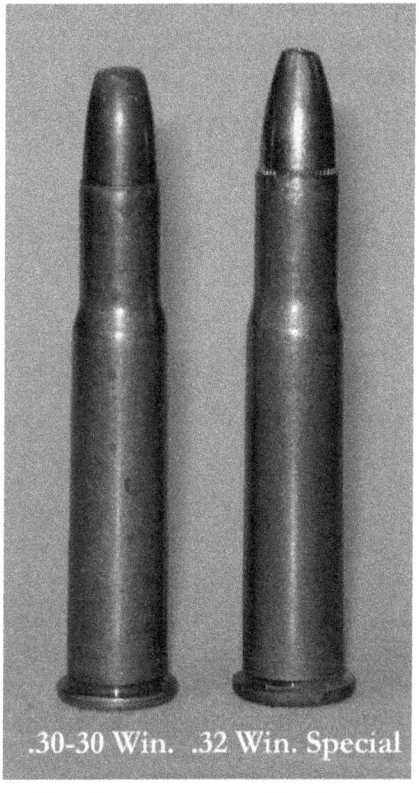

.30-30 Win. .32 Win. Special

bien esto constituía una ventaja, ¿justificaría un nuevo calibre? ¿Por qué Winchester se tomaría el trabajo de desarrollar un calibre nuevo que iba a competir con su propio favorito, con todos los costos que esto implicaba?. Incluso desde el punto de vista actual, con munición moderna, es discutible ya que hoy la brecha entre ambos se ha reducido a apenas 50 pies/seg., siendo el .32 Win. Spl. hoy mucho más potente que lo que el .30-30 era entonces.

No existe un acuerdo sobre estas razones por las cuales Winchester se tomó todo ese trabajo y asumir los riesgos de desarrollar un nuevo calibre, pero, en principio, hay dos teorías: Una de ellas dice que fue desarrollado para ofrecer un calibre de mayor diámetro y potencia que el .30-30 Win., sin tener que recurrir a un cartucho de mayor potencia como el .30-40 Krag. La otra teoría, hoy casi olvidada dice que la razón sería ofrecer un calibre adaptado para la recarga con pólvora negra. Si bien ambas teorías encuentran apoyo en los catálogos de la época. Los proponentes de la segunda teoría se apoyan principalmente en el catálogo de 1902 (N°69) y en el catálogo de 1907.

En la sección del catálogo N° 69, dedicada al Modelo 1894, se indica que ni el calibre .25 (.25-35 Win.) ni el .30 (.30-30 Win.) podían ser utilizados con pólvora negra. Por otro lado, no hace ninguna referencia al .32 Winchester Special a este respecto.

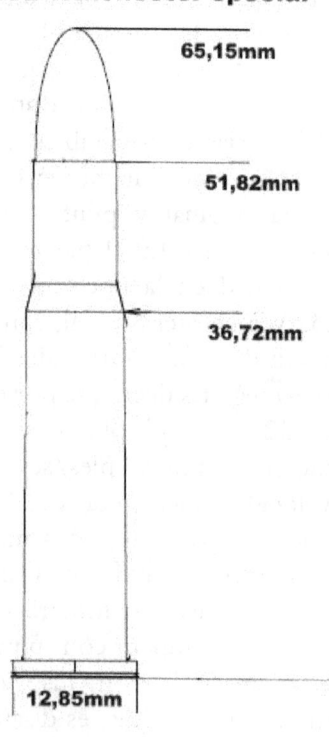

En la página 42 del catálogo de 1907 (del que puede verse una copia en la página siguiente) puede leerse en una traducción libre: "Los rifles para el .32 Winchester Special tiene un alza nueva, especialmente diseñada......que está graduada tanto para cartuchos con pólvora sin humo, como para cartuchos de pólvora negra". Y sigue: "El cartucho .32 Winchester Special, el que acaba de ser perfeccionado, es ofrecido para cubrir la demanda de muchos deportistas, de un cartucho de pólvora sin humo de mayor calibre que el .30 Winchester y aún así no tan poderoso como el .30 U.S. Army, el cual pueda ser recargado con pólvora negra con resultados satisfactorios." (mi traducción).

Más adelante recomienda: "Con una carga de 40 grains de pólvora negra, el .32 Winchester Special desarrolla una velocidad de 1.385 pies/seg., que lo hace un potente cartucho de pólvora negra" y así mismo recomienda en ese caso utilizar fulminantes N° 5 1/2.

MODEL
1894

Winchester Repeating Rifle.
.32 Winchester Special Caliber.

For Smokeless Or Black Powder.

We have adapted the popular Winchester Model 1894 rifle to handle the new .32 Winchester Special Cartridge, and are prepared to furnish it in solid frame or take-down style with 26 inch round, octagon, or half octagon nickel steel barrels and with full or half magazines. Rifles for the .32 Winchester Special Cartridge are fitted with a new and specially designed rear sight (see page 80), which is graduated for either Smokeless or Black powder cartridges. All extras furnished on .30 W. C. F. or .38-55 caliber Model 1894 rifles can be furnished for this gun except extra light weight barrels. Model 1894 .32-40 caliber rifles will not handle the .32 Winchester Special Cartridge, and .30 Winchester caliber rifles cannot be bored up to do so.

The .32 Winchester Special Cartridge, which we have just perfected, is offered to meet the demand of many sportsmen for a Smokeless powder cartridge of larger caliber than the .30 Winchester and yet not so powerful as the .30 U. S. Army, and which could be reloaded with black powder and give satisfactory results. The .32 Winchester Special Cartridge meets all these requirements. Loaded with Smokeless powder and a 170 grain bullet, it has a muzzle velocity of 2,050 foot seconds, thereby generating a muzzle energy of 1,585 foot pounds. At the standard testing distance of 15 feet from muzzle, this cartridge, with a full metal patched bullet, will give a penetration of 45 ⅞ inch pine boards. Its trajectory is as follows:—

100 yards Trajectory.	200 yards Trajectory.	300 yards Trajectory.
Height at 50 yards,	Height at 100 yards,	Height at 150 yards,
1.17 inches.	5.60 inches.	15.26 inches.

From these figures it will be readily seen that the advantages of this cartridge are its great striking energy, penetration, high velocity and consequent flat trajectory.

With a charge of 40 grains of black powder, the .32 Winchester Special develops a velocity of 1,385 foot seconds, which makes it a powerful black powder cartridge. In loading or reloading the .32 Winchester Special with black powder, the Winchester No. 5½ primer should be used.

We load this cartridge with Smokeless powder only; but are prepared to furnish primed shells, full metal patched, metal patched soft pointed, or plain lead bullets, and reloading tools, for loading with black powder only. We do not advise hand loading or reloading of this cartridge with Smokeless powder by individuals.

PRICE LIST OF .32 WINCHESTER SPECIAL CALIBER

Sigue: "Nosotros cargamos este cartucho únicamente con pólvora sin humo; pero estamos preparados para ofrecer vainas con fulminante, proyectiles encamisados, punta blanda o de plomo desnudo, y herramientas para recarga para recargar únicamente con pólvora negra".

Esto merece una explicación más detallada, por aquellos años los cazadores norteamericanos no se habían adaptado todavía a las nuevas pólvoras sin humo y aquellos que recargaban lo hacían casi exclusivamente con pólvora negra, como estaban acostumbrados desde hacía años. Cuando Winchester introdujo el .30-30, lo diseñó como una calibre para disparar munición con pólvora sin humo y cambió el diseño del estriado de sus rifles en este calibre para optimizar el uso de cartuchos de pólvora sin humo. Como consecuencia de estos cambios, el estriado no se adaptaba al uso con pólvora negra.

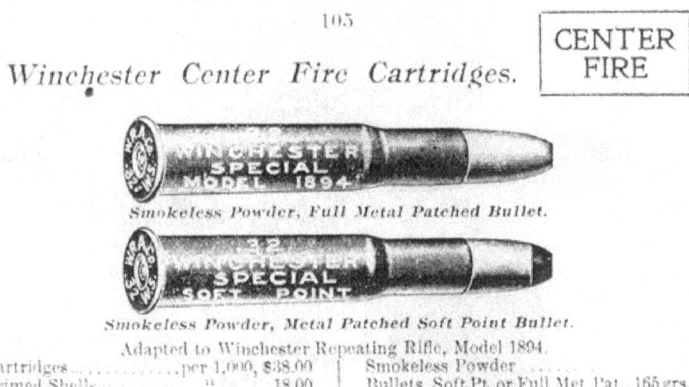

Winchester habría recibido quejas acerca del funcionamiento del .30-30 Win. cuando se recargaba con pólvora negra, ya que la precisión se deterioraba rapidamente debido a la acumulación de residuos de la pólvora en las estrías. La pólvora negra es excelente dentro de sus limitaciones pero, como su combustión es incompleta, deja gran cantidad de residuos en el caño. Los cañones del Modelo 1894 calibre .30 W.C.F (.30-30), tenían estrías profunda y de paso rápido, de 1 vuelta en 12 pulgadas. Por otro lado, los Winchester 1894 recamarados para el .32 Special usaban un cañón con estrías poco profundas y un paso más lento, de 1 vuelta en 16 pulgadas, que era en esencia idéntico a los utilizados en los rifles .32-40 de pólvora negra. Las estrías menos profundas y de paso más lento ayudan a que se acumulen menos residuos de la pólvora negra en el interior del caño, luego de cada disparo. Al usar estos cañones del .32-40, probados con pólvora negra por muchos años, solucionaba al instante este problema de precisión. Como ventaja adicional, Winchester podía aprovechar la maquinaria existente para estriar los cañones de los .32-40.

La lógica del .32 Winchester Special es muy interesante ya que brindaba un amplio rango de posibilidades a los usuarios de la época. Así, con la munición de fábrica (cargada con pólvora sin humo) tenía una balística igual o un poco mejor que la del .30-30 Win.. Si el usuario se veía obligado o prefería recargar con pólvora negra, obtenía la balística del más que probado .32-40 de Winchester. Cosa que no podía lograrse con un rifle .30-30 Win. Estos consejos para la recarga con pólvora negra fueron abandonados con el tiempo. En el Catálogo de 1916, Winchester dedica menos espacio al .32 Win. Special, respecto de los catálogos anteriores. Al mismo tiempo, el punto fuerte de la publicidad pasa a ser su mayor potencia en comparación con el .30 W.C.F. Esto da origen a la teoría de la potencia. En mi opinión, con el paso de los años, la ventaja de poder utilizar pólvora negra empezó a perder fuerza cuando los recargadores comenzaron a familiarizarse con las nuevas pólvoras sin humo. Así también fue perdiéndose el interés en utilizar pólvora negra en munición deportiva. Winchester entonces simplemente cambió el argumento de venta por otro de mayor validez en esos años.

El .32 Winchester Special mantuvo cierta popularidad durante los años, sin llegar en ningún momento la popularidad del .30-30 Winchester. Sin embargo, aún hoy se mantiene en catálogos de muchos fabricantes como Hornady, Winchester, Remington y Federal.

.22 High Power (1912)

Con el inicio del Siglo XX y el perfeccionamiento de las pólvoras sin humo, comienzan también las pruebas con distintos calibres cada vez más pequeños y veloces. La búsqueda del mítico "shocking power" (poder de shock), parecía no terminar nunca. Dentro de ese esquema, en 1912, Savage presenta su .22 High Power, diseñado originalmente por Charles Newton como wildcat, con la vaina de .25-35 Winchester y oficializado más tarde por Savage.

A pesar de su denominación de .22, este calibre no dispara las puntas clásicas de .223 o .224 pulgadas, sino puntas de .228 pulg. porque fue pensado para utilizar puntas más pesadas y poder cazar fauna mayor. Aunque tuvo alguna popularidad luego de la Primera Guerra Mundial, esta le duró poco y se volvió obsoleto muy rapida-

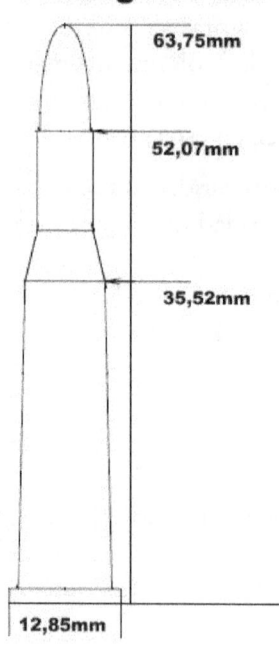

.22 High Power

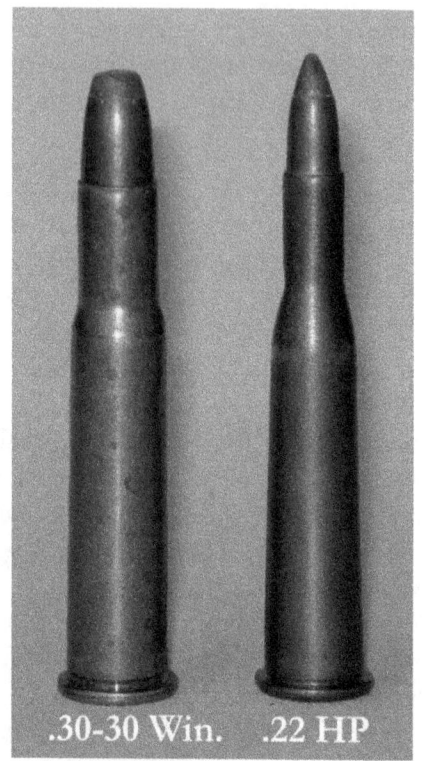

.30-30 Win.   .22 HP

mente en los EE.UU. Sin embargo, logró mantener alguna popularidad en Europa continental, como calibre para rifles monotiro y combinados tan populares en esas zonas. Gracias al peso de sus puntas pesadas (70 grains) y su alta velocidad logró fama como calibre de caza mayor con "shocking power". El reverendo H. R. Caldwell utilizó su Savage .22 Hi-Power para caza tigres en china. El famoso cazador de elefantes WDM "Karamajo" Bell también usó un .22 Savage Hi-Power para cazar búfalos en África. Esto no significa que el calibre fuera capaz de realizar estas hazañas sin mayores problemas. Estos resultados se lograron solo gracias a la increíble precisión quirúrgica de estos cazadores. Para cazar con este calibre el disparo debe dar en el lugar exacto, casi sin ningún margen de error.

Incluso tuvo cierta popularidad en rifles dobles y monotiro gracias a que su reborde facilita mucho la extracción. La famosa firma inglesa Rigby lo ofrecía como calibre de tiro para sus rifles dobles.

La competencia de otros .22 de alto poder, mucho más modernos y veloces terminó desplazando al .22 Savage al olvido. Por su diseño solo se puede utilizar en armas monotiro y rifles Savage ya que las vainas con reborde funcionan muy mal en los más populares rifles a cerrojo. Su diseño nació viejo, con reborde, una vaina cónica y un cuello muy largo, desaprovechando las posibilidades del calibre.

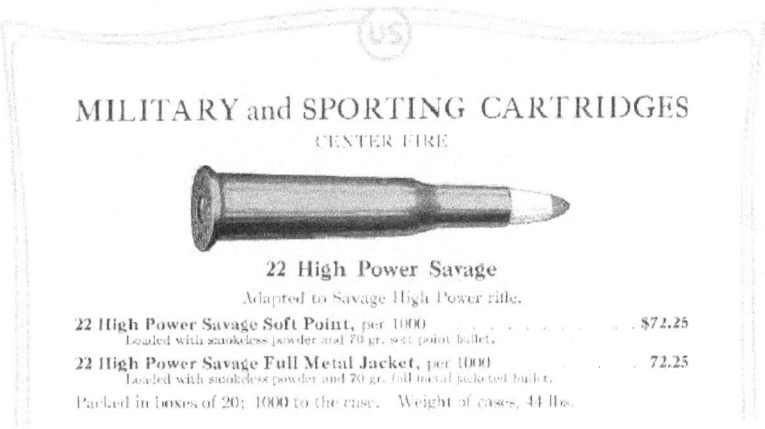

.219 Zipper (1937)

Pasaron varios años sin que la vaina del .30-30 Winchester despertara algún interés comercial. Solo algunos wildcatters siguieron trabajan con opciones de diferentes calibres con esa configuración. En 1937 Winchester Repeating Arms introduce su .219 Zipper, como calibre nuevo para su rifle Modelo 64, la versión mejorada del viejo Modelo 94.

Podemos considerarlo como la vaina del 30-30 Winchester con el cuello reducido para montar puntas de .22", esta vez si en, .224 pulgadas. La idea era ofrecer una nueva opción de calibre para caza de plagas (varminter), deporte que, por esos años, venía creciendo luego de la Primera Guerra Mundial. Sin embargo, el Zipper presentaba varios problemas de diseño. Por un lado, al dispararse desde una rifle con cargador tubular, no podía utilizar proyectiles de buena balística, como los calibres de los competidores que se disparaban desde armas con cargador tipo petaca (Winchester 70 o Remington 700) y usaban puntas spitzer de mejor balística.

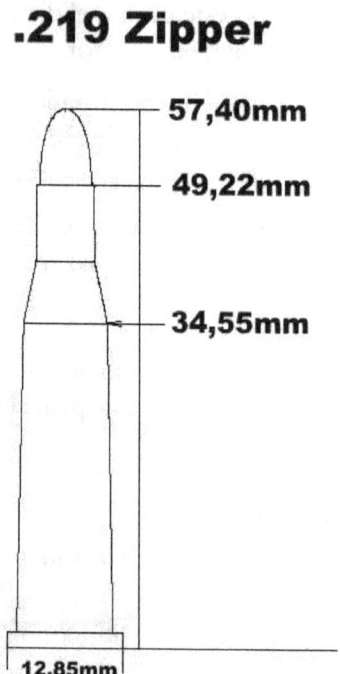

Marlin Firearms también ofrecía su Modelo 336 Zipper recamarado para el .219 Zipper, como opción a los rifles Winchester. Nunca logró llegar a tener popularidad considerable y finalmente, en 1962, Winchester abandona el calibre. Los demás fabricantes comenzaron a dejar de ofrecer su munición, que hoy es una verdadera rareza.

7-30 Waters (1976)

Este es otro cartucho desarrollado originalmente como wildcat, por el famoso experto en armas Ken Waters en el año 1976. La idea de Waters era buscar un calibre de mejor balística que los existentes, para ser utilizado en rifles a palanca. En esos años hubo un nuevo interés en los calibres 7mm por considerar que presentaban algunas ventajas balísticas con respecto a los tan populares calibres .30, ya que con una pequeña disminución del peso de la punta, se ganaba mucho en balística (coeficiente balístico). Este mejor coeficiente balístico hace que los proyectiles de 7mm retengan mejor su velocidad inicial, es decir que tienen mayores velocidades que los .30 a diferentes distancias.

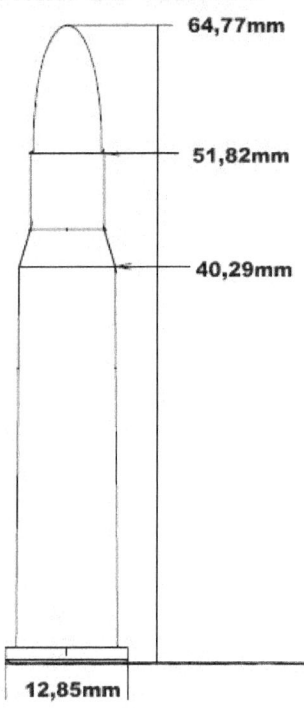

En 1984, Winchester, junto con Federal, introducen un rifle y su munición, Modelo 94 recamarado para el 7-30 Waters, dándole el carácter de calibre comercial. De forma poco ortodoxa, lo denominan 7-30, lo que se aparta mucho de las denominaciones clásicas. Su nombre pretende indicar que es un 7mm, que utiliza la vaina del .30-30, aunque esto queda confuso. El segundo "30" corresponde en el .30-30 a la carga de pólvora como vimos hace poco, pero aquí hace referencia a que proviene del .30-30.

En 1986, Thompson/Center comienza a ofrecer caños de 10, 14 y 20 pulgadas para sus famosas pistolas monotiro Contender, que ya se ofrecía en .30-30 Win.. Al ser una pistola monotiro, permite el uso de puntas spitzer, el 7mm también ofrece una trayectoria más tendida, un menor retroceso y una mejor relación entre la carga de pólvora y el peso de la punta.

A pesar de ser un 7mm, no puede utilizar cualquier punta de ese calibre. Comparte con el .30-30 un cuello muy largo, respecto del largo total del cartucho. Eso obliga a usar puntas con ojiva corta y con un peso limitado. Desafortunadamente el Winchester 94 recamarado para el 7-30 Waters nunca logró popularidad y Winchester lo descontinuó a los pocos años, debido a las bajas ventas. Por otro lado, las pistolas Contender despertaron más interés y hoy son las únicas armas comerciales que se ofrecen (rifles y pistolas monotiro) en este calibre. Quedan pocas empresas fabricando su munición como Federal y unos pocos más.

.375 Winchester (1978)

El último de los calibres derivados del .30-30 Winchester y es uno muy curioso ya que, de alguna manera, termina de cerrar un círculo histórico. El .375 Winchester consiste en la vaina del .30-30 adaptada para montar puntas de .375 pulgadas. Así que resulta un calibre casi idéntico al viejo 38-55 de pólvora negra, aunque más moderno y potente. Cabe recordar que, como se dijo, el .30-30

Winchester se creó en su momento, reduciendo el cuello del .38-55 Win-chester (calibre .378") para aceptar puntas de .30 pulgadas.

El .375 Winchester fue introducido para ser utilizado en el rifle Winchester Modelo 94 XTR "Big Bore" (grueso calibre), en el año 1978. El último rifle disponible Winchester en este calibre fue el Modelo 336. Otros fabricantes, como Marlin fabricaron rifles en este calibre, el Modelo 375, así como Savage con su famoso Modelo 99, y Ruger con su poco conocido

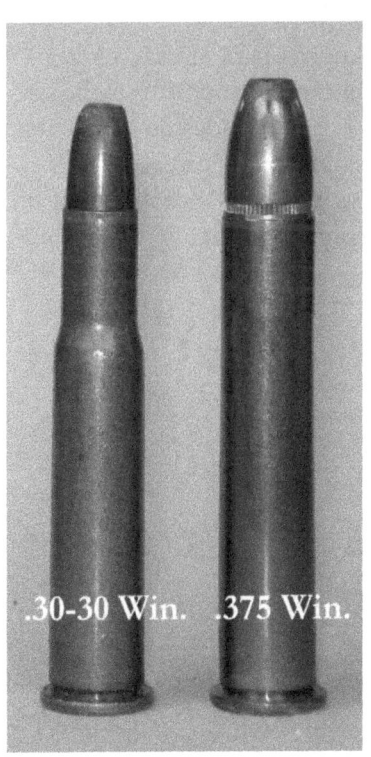

Modelo N°3, un monotiro de menor costo que su lujosos N°1. Para 1987 ya casi no se fabricaban rifles en el .375 pero hasta hoy Winchester sigue fabricando esta munición y varias marcas de recarga fabrican sus componentes.

El .375 Winchester es similar en aspecto al .38-55 Winchester pero no son intercambiables. El .38-55 es un calibre de pólvora negra y, por ello, sus cargas desarrollan bajas presiones; mientras que el .375 Winchester se carga a presiones más altas. Por ello, la munición .375 no debe dispararse en rifles recamarados para el .38-55. Sus medidas son similares aunque el .375 Win. posee una vaina 1mm más larga, de parees más gruesas y base sólida.

A pesar de que presentaba algunas ventajas para la caza en zonas boscosas y mejores prestaciones que el famoso .30-30 Winchester, nunca logró mayor fama, más allá de las publicidades de las revistas de la época. Su balística resulta interesante ya que ofrece las velocidades del .30-30, pero con puntas de mayor peso y calibre, con un mayor "stopping power", por lo menos en lo teórico.

La Familia Remington

Esta es una familia sumamente curiosa y cerrada, ya que solo cuenta con tres hermanos el .25 Remington, el .30 Remington y el .32 Remington. Podemos considerar que desde el punto de vista balístico y la vaina original, son hijos del .30-30 Win., y del .25-35 Win. y el .32 Win. Special, pero en su diseño es mucho más moderno.

En el año 1906 Remington lanza al mercado norteamericano un rifle semiautomático deportivo diseñado por el famoso John

.25 Rem.   .30 Rem.   .32 Rem.

Moses Browning. El Remington Modelo 08 fue un verdadero hito en el desarrollo de armas aunque no tenga el merecido reconocimiento. Junto con este rifle, Remington introdujo cuatro nuevos calibres realmente modernos en concepción, una vaina abotellada con muy poca conicidad y sin reborde (rimless). Estos calibres eran el .25, el .30, el .32 y el .35 Remington. De estos calibres, los tres primeros partían la misma vaina base que, a su vez, deriva de la del famoso .30-30 Winchester pero, como dijimos, modernizada. Esto es más cilíndrica y sin reborde. Estos calibres cubrían un amplio rango de posibilidades balísticas al montar respectivamente puntas de .25, .30 y .32 pulgadas. La idea era ofrecer la balística de los tres

Historias de Calibres 2

calibres famosos calibres de Winchester, pero desde un arma mucho más moderna y semiautomática.

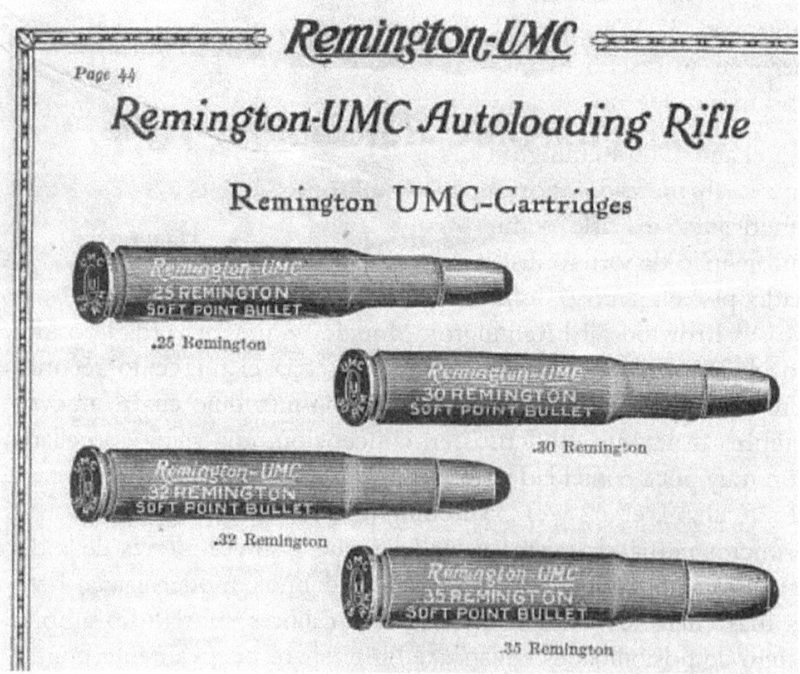

.25 Remington (1906)

Este es uno de los calibres más injustamente obsoletos. Sus prestaciones, aún bajo los cánones actuales, siguen siendo excelentes. En realidad Remington no buscaba un calibre novedoso ni lograr más velocidad que su competidor. Solo buscaba un calibre confiable que tentara al cazador. El .25 Remington no es otra cosa que una versión apenas mejorada del .25-35 que había introducido Winchester 13 años antes. De hecho los primeros rifles Modelo 08 estaban marcados como .25-35 Remington.

Muy pocas armas fueron recamaradas para este calibre, además de su Modelo 08, pero Remington utilizó este calibre también en su Modelo 14, a trombón y su Modelo 30 a cerrojo. Estos rifles permitían utilizar proyectiles spitzer, de mejor balística que los calibres de Winchester. En el caso del Modelo 08 y el Modelo 30, esto se daba por tener cargador tipo petaca en el que los proyectiles van uno sobre el otro. En el caso del Modelo 14, esto se lograba mediante un ingenioso diseño de su almacén tubular, que tiene una serie de "costillas" que obligan a los cartuchos a ubicarse en ángulo respecto del eje del cargador. De esta manera, las

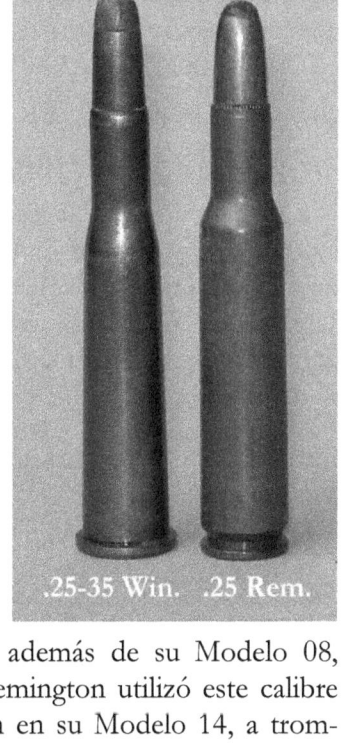

.25-35 Win.   .25 Rem.

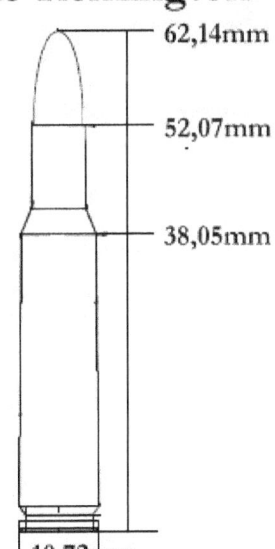

.25 Remington
62,14mm
52,07mm
38,05mm
10,72mm

puntas de los proyectiles en el almacén no apoyan sobre el fulminante del cartucho anterior. Por otro lado, algunos otros fabricantes ofrecieron armas recamaradas para el .25 Remington como el Modelo 425 de J. Stevens Arms CO..

.30 Remington (1906)

Este es otro de los calibres injustamente obsoletos de Remington ya que sus prestaciones siguen siendo excelentes. El .30 Remington también utilizaba la misma vaina como base, de hecho los tres son casi idénticos, solo se distinguen por el diámetro y el largo del cuello.

.30 Remington

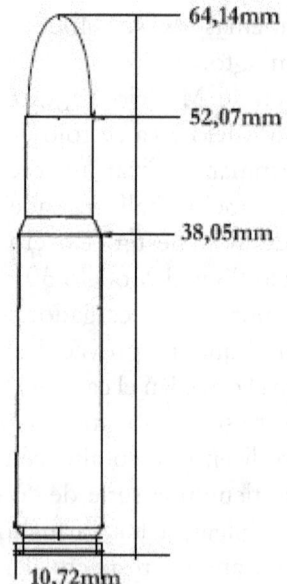

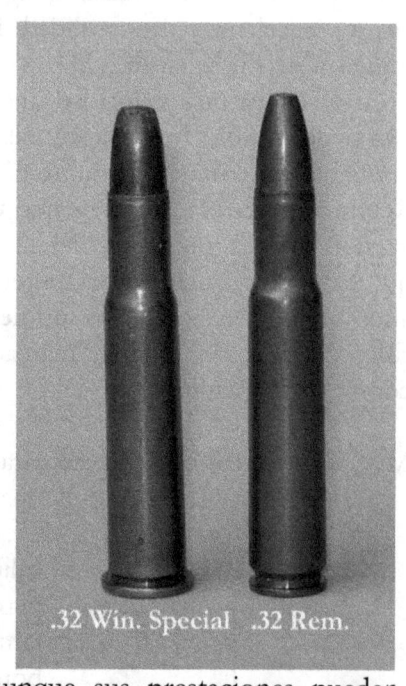

.32 Win. Special   .32 Rem.

Aunque sus prestaciones pueden parecer hoy muy limitadas, por aquellos años su balística era considerada como la ideal. Debe recordarse que a principios del Siglo XX, el calibre típico para cazar ciervos cola blanca en los EE.UU. era el .30-30 Win. que hoy es hasta discutido por muchos autores. El .30 Rem. es casi idéntico al .30-30 Win. tanto que en muchos manuales de recarga las cargas de ambos son las mismas. No me refiero a que sean equivalentes, sino que usan los mismos cuadros para ambos.

Smokeless Powder Cartridges, 1,000 in case, per 1,000, $30.00; Code, Levaremos.
Primed Shells, " 18.00; " Levatore.
Bullets, " 3.00; " Levecel.
Gross weight of case, 49 lbs.; Load, bullet, lead, 117 grs.; Primer, U. M. C.
No. 7; Shell, 2⅜ in.
Adapted to Winchester Model 1894, Marlin Model 1893, Remington-Lee, Savage
Repeating, and Remington No. 5 Rifles.
For short range shooting and accurate up to 75 yards.

Smokeless Powder Cartridges,
Metal Cased, 1,000 in case, per 1,000, $38.00; Code, Lactifere.
Soft Point, " " 38.00; " Lactifuge.
Pointed Bullet " 38.00; " Lactiforme.
Gross weight of case, 57 lbs.; Load, bullet, metal cased, 160 grs.;
soft point 170 grs.;
Pointed bullet, gross weight of case 54 lbs., Load, bullet pointed, 157 grs.
Adapted to Remington Autoloading Rifles.

Muy pocas armas fueron recamaradas para este calibre, además de su Modelo 08, Remington utilizó este calibre en su Modelo 14 y su Modelo 30. De la misma manera que vimos antes todos estos rifles podían utilizar proyectiles spitzer, de mejor balística que los calibres de Winchester.

La recarga es muy simple si se consiguen las vainas y en caso de no tener vainas o munición original se pueden hacer reformando vainas del .30-30 en el torno. Hay que quitar el reborde y tallar un nuevo canal para el extractor. Si bien pueden utilizarse puntas Spitzer, son muy pocos los fabricantes que ofrecen puntas de ese tipo con ojiva corta que se adapte al .30 Remington.

.32 Remington (1906)

Este es el tercero de los calibres Remington considerados obsoletos a pesar sus excelentes prestaciones. También introducido en el mer-

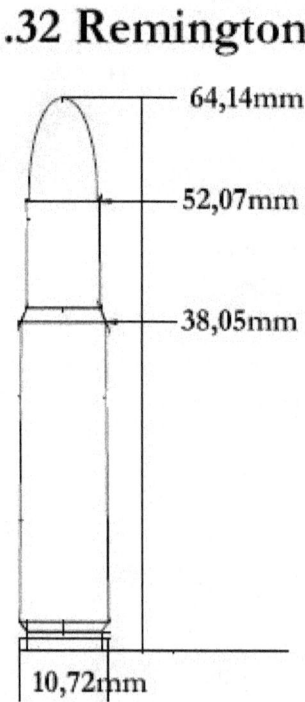
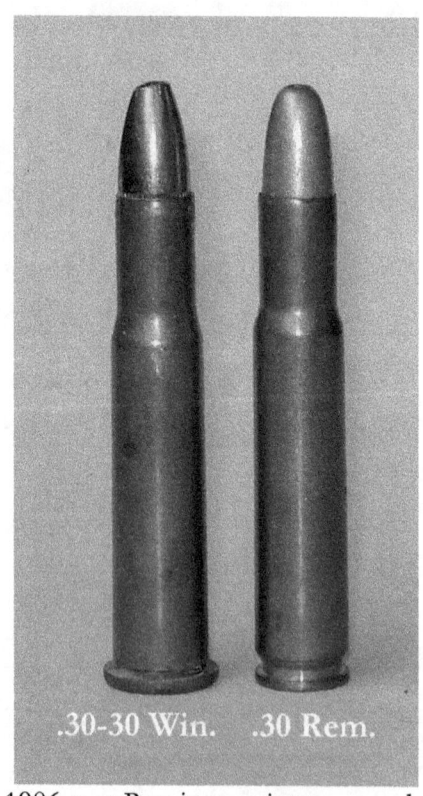

cado norteamericano en el año 1906 por Remington junto con el

Remington Modelo 08, un rifle semiautomático deportivo diseñado por el famoso John Moses Browning. El .32 Remington también era una versión apenas mejorada de un calibre de Winchester, del .32 Winchester Special. Como en los casos anteriores, muy pocas armas fueron recamaradas para este calibre, además de su Modelo 08 semiautomático, Remington utilizó este calibre también en su Modelo 14 a trombón y el Modelo 30 a cerrojo.

32 Remington Auto-Loading

Adapted to Remington Auto-Loading, Standard Automatic and Stevens repeating rifles.

32 Remington Auto Soft Point, per 1000	$72.25
Loaded with smokeless powder and 165 gr. soft point bullet.	
32 Remington Auto Full Metal Jacket, per 1000	72.25
Loaded with smokeless powder and 165 gr. full metal jacketed bullet.	

Packed in boxes of 20; 1000 to the case. Weight of cases, 57 lbs.

Tal vez sea el menos razonable de los calibres de Remington. En este caso no justifica las complicaciones de generar otro calibre tan parecido al .30 Rem. ya que para esos años nadie recargaba munición moderna con pólvora negra (ver .32 Win. Special) y la ganancia de potencia es mínima.

6.8mm Remington (2002)

A pesar de que los calibres de Remington son obsoletos desde hace muchísimos años, hay un calibre moderno que deriva de ellos. Para ser sinceros no es un verdadero hijo, en la forma en que los tomamos en este libro pero, de todas maneras, resulta interesante analizarlo someramente. Este calibre de origen y destino militar deriva del .30 Remington, con notables características.

El .223 Remington, calibre reglamentario norteamericano, fue diseñado junto con el moderno fusil M16, en la década de 1950. Este calibre, brindó excelentes servicios en la guerra de Vietnam y en los conflictos sucesivos. Sin embargo, los cambios en los teatros de operación demandaron algunas modificaciones en el M16 y demás equipamiento. La lucha en ciudades, dentro de casas y el combate desde dentro de vehículos civiles convierte al viejo M16, con su cañón de 20 pulg. en un arma difícil de operar. Así surgieron el M4 y el M16A4, con culata telescópica y cañón más corto. De esta manera podían operar desde vehículos no militares con comodidad, en los teatros de Afganistán e Irak. Esto necesariamente dio como resultado una disminución en velocidad de los proyectiles y por ende en su energía.

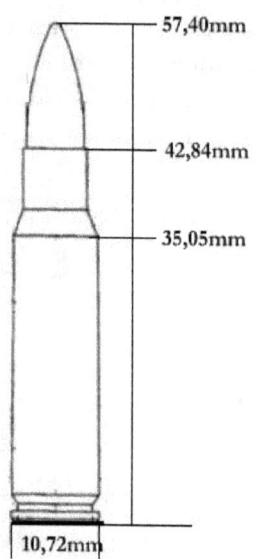

Por ello, el SOCOM (Comando de operaciones especiales) decidió desarrollar un nuevo calibre que ofreciera mayor potencia al fusil del infante, con cañones de menor longitud. Este nuevo calibre debía cumplir ciertas condiciones fundamentales, en primer lugar debería poder adaptarse al sistema del M16/M4, es decir que pudiera utilizarse gran parte de uno de estos rifles para construir el nuevo.

Remington desarrolló un calibre usando como base la vaina del viejo .30 Remington, que posee un diámetro en la base intermedio entre el de la vaina del .223 Remington y el del 7,62x39mm del AK47. Además, debido a las limitaciones del largo del cargador del M16, la vaina del .30 Rem. se acortó de los 52mm originales a 43mm. Se realizaron diversas pruebas con distintos diámetros de punta, entre el 6mm y el .30 pulgadas. Resultando los más prometedores el de 6.5mm y el 6.8mm (.270 pulg.) y Remington, finalmente eligió este último, por su mejor trayectoria.

Se lo denominó 6.8mm Remington SPC (Special Purpose Cartridge, o cartucho de propósitos especiales). Los resultados finales dieron una velocidad inicial, para caño de 16 pulgadas, apenas por encima de los 2.600 pies/seg. Posee mejor balística y más energía que el .223 Remington. Esta diferencia va aumentando con la distancia, gracias a la mejor balística de su proyectil de 115 grains, sobre todo si las comparamos con armas de cañón corto. La trayectoria del 6,8 mm SPC es casi idéntica a la del 7,62x51mm NATO calibre utilizado por muchos de los francotiradores. Como contrapartida, esto implica una mínima perdida de poder de fuego, con cargadores de igual tamaño, el .223 tiene 30 cartuchos del .223 y el 6.8mm almacena 28. Claro que la munición es más pesada, pero esto no parece preocupar al infante norteamericano.

Finalmente, este calibre no logró mayor protagonismo en el mundo de las armas militares ni llegó a oficializarse y su futuro es ciertamente incierto.

La Familia del .30-06 Springfield

Esta es una de las familias más prolíficas, y con más cartuchos exitosos. Esto no es casual, por un lado, el .30-06 Springfield fue el primer calibre militar con gran éxito deportivo, en una época en la que casi no había opciones disponibles. Por otro lado, desde el punto de vista táctico, la gran mayoría de los fusiles militares y deportivos diseñados en su época (1906-1942) estaban dimensionados para el .30-06 y esto condicionó el desarrollo de muchos de los calibre norteamericanos del Siglo XX, como iremos viendo en este libro. Para cualquier fabricante, desarrollar un calibre más largo que el .30-06, implicaba crear también un nuevo rifle, cuyo almacén cargador pudiera contener munición de mayor longitud. Por otro lado, desarrollar calibres más cortos implicaba desperdiciar capacidades balísticas, que en algunos casos valía la pena, como en el caso del .22-250. En aras de la practicidad, gran cantidad de calibres desarrollados en los EE.UU. durante la primera mitad del Siglo XX, tuvieron al .30-06 como guía y referencia.

.30-06 Springfield (1906)

Aunque fue visto en profundidad en mi libro anterior, para que este libro pueda leerse independientemente, sería necesario hacer una rápida revisión del .30-06 antes de analizar los otros componentes de su familia (uno de los cuales también fue visto en dicho libro).

Introducido oficialmente en 1906, su origen se remonta a los últimos años del Siglo XIX, luego de la dura experiencia de las tropas norteamericana en la Guerra de Cuba (contra España) en 1898. Allí quedó claro que los EE.UU. necesitaban un conjunto arma/calibre moderno, cosa que no podía lograrse con el Krag-Jorgensen calibre .30-40. Entonces, además de un nuevo calibre, debía desarrollarse un nuevo rifle mucho más fuerte, de características similares al Mauser y el famoso Arsenal de Springfield, en Massachusetts fue el encargado de dicho desarrollo.

Luego de una serie de ensayos y pruebas entre el año 1900 y el 1903, se adopta un nuevo cartucho, que sería conocido como .30-03 (por el año de adopción), con prestaciones algo mejores que el .30-40, pero manteniendo el proyectil redondeado de 220 grains del Krag. Fue denominado oficialmente "Ball. Cal. .30, Model of 1903", estaba cargado para desarrollar 2.300 pies/seg. en la boca, desde un cañón de 24 pulgadas. Pero al compararlo con los calibres de las potencias antagónicas, rapidamente se mostró insuficiente.

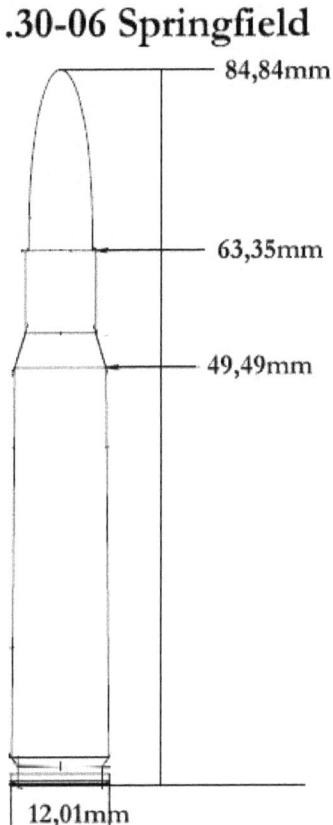

Finalmente, en 1906, este cartucho fue perfeccionado. Manteniendo las líneas generales de la vaina del 03, pero acortándola unos 2mm y reemplazando el proyectil pesado por otro más liviano de 150 grains, con mejor diseño aerodinámico, del tipo spitzer. A estos cambios se agregó un aumento en la velocidad inicial que se elevó a 2.700 pies/seg. en la boca. Finalmente el 15 de Octubre de 1906, el .30-06 fue adoptado con el nombre oficial de "Ball. Cal. .30, Model of 1906". Con esta arma y calibre, los EE.UU. participaron de la Primera Guerra Mundial y gran parte de la Segunda Guerra Mundial también.

El .30-06 Spr. mantuvo en servicio como calibre principal de los EE.UU. hasta el año 1952, cuando fue reemplazado brevemente por el 7,62x51 NATO/.308 Winchester, una versión acortada del mismo. Finalmente, a los pocos años, el 7,62 fue, a su vez, reemplazado por el 5,56x45mm (.223 Remington), calibre que aún es el oficial de los EE.UU.. A pesar de haber sido reemplazado en el servicio activo, el .30-06 Spr. siguió siendo utilizado por muchos años por los equipos de francotiradores norteamericanos, entre ellos el famoso Carlos Hathcock hasta incluso en la Guerra de Vietnam.

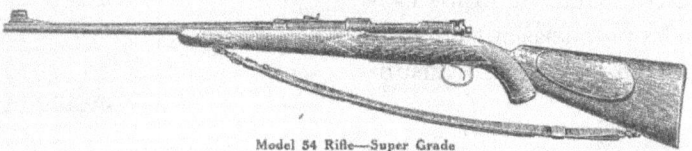

A principios del Siglo XX, cuando fue creado el .30-06 Spr., un cazador tenía muy pocas alternativas de donde elegir un calibre moderno. Los calibres deportivos de la época, como el .30-30 Win., .32 Winchester Special o el .35 Remington no eran muy potentes y no podían competir, en el campo deportivo, con los calibres modernos europeos, como el 8x57mm o con los 7x57mm y 7,65mm de Mauser; en cambio el .30-06 si podía. Así, Winchester recamaró varios modelos para estos nuevos calibres como su Modelo 1895, a palanca, que ya se ofrecía en .30-03 en el año 1904 y, luego, en .30-06 Spr., convirtiéndose así en el primer fusil deportivo recamarado para el .30-06 Spr., (1908).

Martín L. Godio

La Primera Guerra Mundial tuvo un fuerte efecto en el desarrollo deportivo de este calibre en los EE.UU., así como en el afianzamiento del fusil a cerrojo como arma deportiva. Luego de dicha contienda, el .30-06 Springfield se convirtió en calibre excluyente en los EE.UU.. Cuando Remington y Winchester lanzan sus primeros fusiles deportivos a cerrojo en 1921 y 1925 respectivamente, los ofrecen en .30-06 Springfield, entre otros calibres. Incluso algunos modelos como el Remington 30A estuvo recamarado exclusivamente para el .30-06, casi hasta la Segunda Guerra Mundial. Por todo ello, el .30-06 Springfield comenzó a hacerse cada vez más popular. El renombre del .30-06 Spr. no hizo más que crecer con los años, gracias sus virtudes (y a la creciente importancia de los EE.UU. en el mercado mundial), convirtiéndose hoy en un calibre de referencia. La casi totalidad de los fabricantes de armas produce por lo menos algún arma en este calibre, incluso en los países más exóticos como Rusia, Suecia, Sud África, etc.. Así mismo muy pocos fabricantes comerciales de munición no ofrecen algún tipo de munición de este calibre.

La aparición de los calibres Magnum a partir de los 50, eclipsó de alguna manera su fama, pero aún hoy sigue siendo uno de los calibres de fuego central más vendidos.

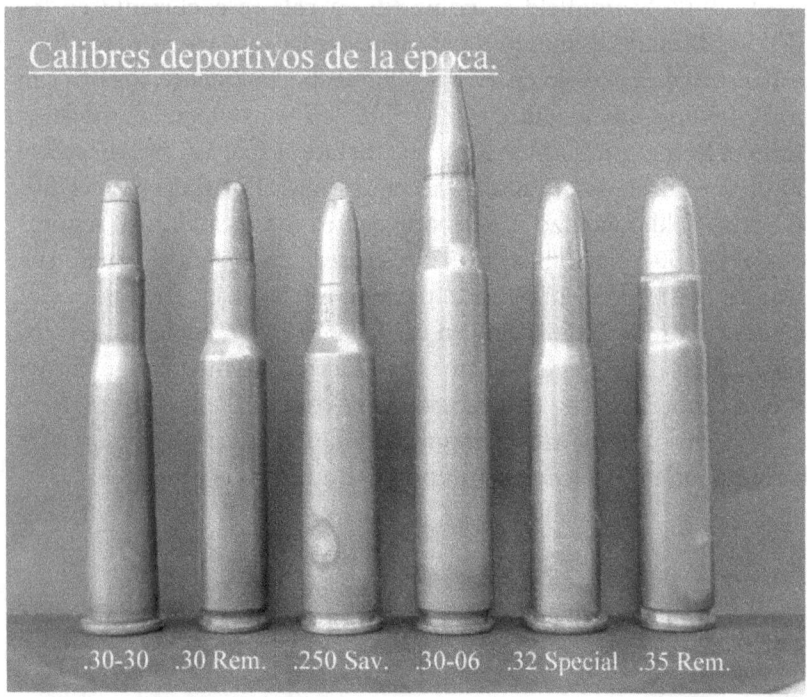

Calibres deportivos de la época.
.30-30 .30 Rem. .250 Sav. .30-06 .32 Special .35 Rem.

Pero uno de los aspectos notables del .30-06 es que tuvo gran importancia en el desarrollo de armas y de otros calibres. Así, la mayoría de los fabricantes ajustaron sus diseños, largo de cargador, etc., a las características del .30-06 Spr.. En forma colateral también sirvió de base para el desarrollo de una amplia familia con calibres que lograron gran fama. Así podemos decir que el .30-06 Spr. posee cuatro hijos oficiales que han logrado gran renombre. Estos son, en orden de calibre, el .25-06 Remington., el .270 Winchester, el .280 Remington y el .35 Whelen. En general, utilizan la misma vaina del .30-06, adaptándola a otros diámetros de proyectil. La mayoría de estos calibres fueron diseñados originalmente por armeros cazadores y tiradores, buscando prestaciones especiales que no encontraban en los calibres disponibles en el mercado. Esto es lo que en los EE.UU. se llama "wildcat", es decir, un calibre que no es producido por ningún gran fabricante.

7,65x61mm Marina Argentina (1914)

Curiosamente, este fue el primero de los hijos del .30-06 Spr. y el que menos duró, ya que apenas pasó de la etapa de proyecto. Es además, el que más controversias presenta al analizar su historia.

Su origen es todavía muy discutido y la versión más popular es la que dice que fue resultado del desarrollo de un nuevo cartucho "Match" de tiro. La historia dice que durante el XVII Campeonato Mundial de Tiro que se celebró en Camp Perry, EE.UU., en el año 1913, participó un equipo de tiradores de la Marina Argentina. Este equipo logró excelentes resultados utilizando fusiles militares Mauser modificados para tiro, en calibre 7,65x54mm Mauser. Según esta historia, los representantes de la Marina, impresionados por la efectividad de los fusiles norteamericanos calibre .30-06, deciden diseñar un nuevo calibre con características que le permitieran lograr la performance del 30-06. Se suponía que debía dispararse desde fusiles Mauser 1909 con la recámara modificada para la munición con vaina de 61 mm de largo. Está es la misma teoría que presenta Fred A. Datig en su libro "Cartridge for Collectors Volume 1". Allí lo denomina 7,65x61mm Argentine Navy Match y dice que fue fabricado por Winchester en 1914 y que estaba destinado a ser utilizado en rifles con recámara especial solo para tiro al blanco. Esta "versión popular" era lo único se que tenía hasta hace un tiempo, pero nada de esto esta documentado, por lo tanto todas eran suposiciones.

Ante estas dudas, recurrí a Federico Graziano experto de la Asociación Argentina de Coleccionistas de Armas y Municiones (AACAM) en busca de una versión definitiva. Luego de enviarle toda la información que había podido recabar me envió una respuesta detallada:

"La otra versión por el contrario, está 100% documentada. El primero en buscar información y compartirla con algunos argentinos fue Dan Shuey, un estudioso de los cartuchos Winchester. Luego vine yo con el cuadernillo para el 40° aniversario de la AACAM, donde la verdad que no sabía nada sobre el verdadero origen del cartucho. Por último vino lo mejor, por un lado Javier Ramallo consiguió muchísima correspondencia en los archivos de la Armada (Argentina) y, por otro lado, otro norteamericano consiguió la contrapartida de esa misma correspondencia en otros archivos.

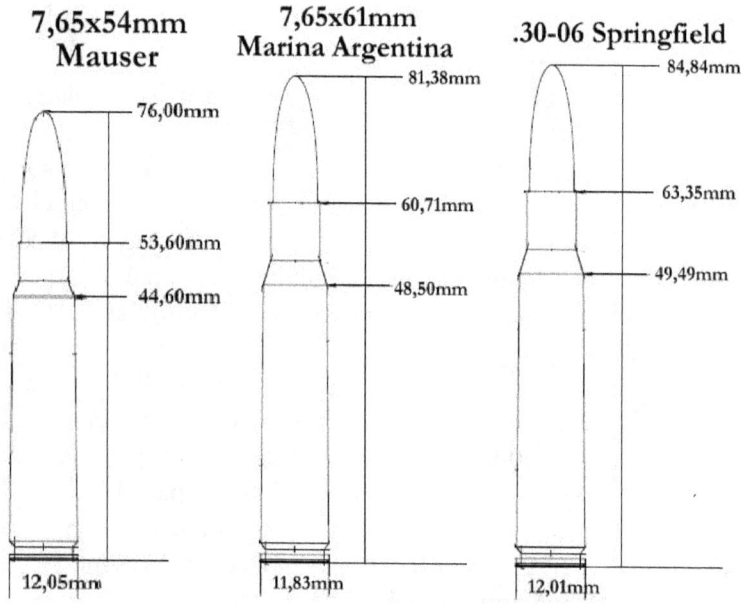

Nota: Las medidas son las provistas por CIP y por www.munición.org.
Los tamaños son aproximados para servir de referencia.

La versión corta de la verdadera historia es la misma que comenté en foro (https://forum.cartridgecollectors.org/) hace un tiempo:

- (El 7,65x61mm Marina Argentina) Fue concebido como una mejora del cartucho 7.65x54mm para ser adoptado por la Marina Argentina en fusiles Modelo 1891 y luego también en 1909. También se adaptó para uso en los tubos económicos (como subcalibre para realizar prácticas de tiro con algunos cañones de la Marina Argentina) que antes de empleaban con el cartucho Mauser normal. La modificación era sólo a nivel recámara.

- Nunca se diseño como un cartucho de concurso, aunque su desarrollo fue inspirado por las deficiencias del cartucho 7.65x54 con bala de 154 gr para uso en concursos de tiro a largas distancias.

- No fue diseñado por Winchester sino por el Capitán Casey de la firma DuPont, el cual le propuso a la Comisión Naval Argentina un diseño basado en una vaina del .30-06 ligeramente acortada y cargada con una bala de 180 gr. Los cartuchos prototipo se hicieron a partir de vainas del .30-06 fabricadas por Frankford Arsenal.

- En 1915 se decidió abandonar este cartucho y en cambio adquirir balas de 180 gr y pólvora DuPont Military No. 15 para cargar los millones de vainas DWM del 7.65x54 de las cuales ya disponía Argentina."

La denominación "Match" proviene probablemente de la relación histórica que tiene este cartucho con Camp Perry y nunca fue usada por ninguno de los participantes del proyecto, ni en Argentina, ni Winchester, ni USCCo ni DuPont.

Notablemente este calibre fue utilizado también, por último, por la Asociación Argentina de Coleccionistas de Munición (AACAM) que lo eligió como cartucho conmemorativo, en el año 2006, para conmemorar sus cuarenta años de existencia.

Wildcats de .30-06 Spr.

Dada la escasa variedad de calibres de caza disponibles en la primera mitad del Siglo XX, muchos cazadores, armeros y escritores comenzaron a realizar experimentos con distintas opciones de calibres, utilizando la moderna vaina del 30-06 Spr. A lo largo de los años se fueron probando distintas opciones de .22-06, .25-06, 6,5-06 y 7mm-06, 8mm-06, .338-06, .35-06, .375-06 y hasta el .40-06. Cada uno de ellos pretendía ofrecer alguna ventaja sobre los calibres disponibles, así los calibres más pequeños buscaban ofrecer una balística de mayor alcance para la caza de plagas, pequeños mamíferos y hasta caza mayor liviana. Por otro lado, el .35-06, el .375-06 y el .40-06 tenía por objetivo brindar a los cazadores con un calibre de mayor peso y diámetro de proyectil que diera un mayor "poder de parada", para la caza de animales más pesados a corta distancia.

Los Wildcats de menor calibre al .25-06, en esos años presentaban serios problemas de performance debido a la falta de pólvoras adecuadas; pólvoras que se adaptaran a su condición de "overbore". Este término hace referencia a la relación entre el volumen interno de la vaina y el del interior del caño. Sin entrar en muchos detalles técnicos, podemos decir que cuanto mayor es el volumen interno de la vaina respecto del caño, el calibre se adapta mejor a pólvoras lentas y logrará mayores velocidades para un peso punta dado. Esto tiene que ver con la velocidad de quemado de la pólvora y el aumento de volumen cuando el proyectil avanza por el caño.

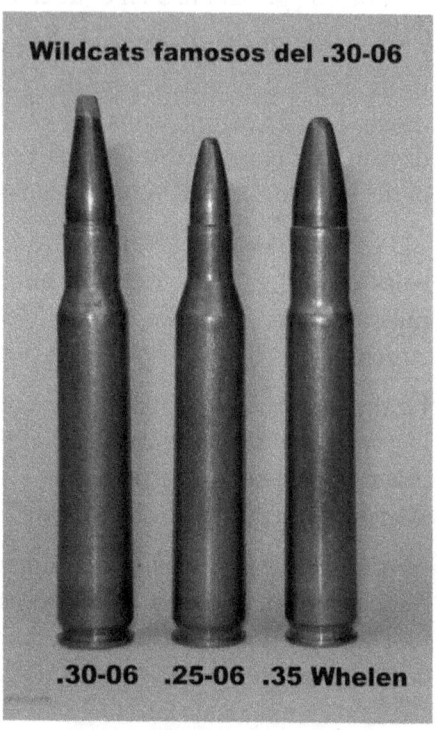

Wildcats famosos del .30-06

.30-06 .25-06 .35 Whelen

Cuando el calibre del caño es grande, por cada centímetro aumenta más el volumen y baja la presión más rapidamente. El .25-06 y los calibres similares como el .22-06, el .240 Super Varminter y el 6,5-06, poseen casi el mismo volumen interno de vaina y un diámetro del caño mucho menor al de "su padre". Resumiendo, por esos años no existían todavía pólvoras que permitieran aprovechar el volumen de esa vaina y ofrecían pocas ventajas sobre calibres similares de vaina más pequeña.

El más curioso entre los wildcats derivados del .30-06 es sin duda el 8mm-06 (8x63mm). Este calibre cumplía varios objetivos. Por un lado, mejorar la balística de las cargas del 8x57mm Mauser, que por esos años era bastante baja, en atención a algunos rifles viejos, como el Modelo 1888. Por otro lado, la idea era poder utilizar la gran cantidad de fusiles alemanes de rezago, que podían comprarse por unos pocos dólares en los EE.UU.. Para evitar los problemas para obtener munición y elementos de recarga originales, se recurría a recamarar los viejos Mauser 8x57mm usando el caño original, para la vaina del .30-06 y se evitaban los problemas de suministro de vainas. Este calibre presenta un peligro potencial, como la munición recargada del 8mm-06 tiene el culote de la munición .30-06, existe el peligro de que alguien intente dispararla desde un .30-06 con un gran riesgo de que se produzca sobrepresión. Aunque es mucho menos popular, existe un 7,65mm-06, incluso en nuestro país se hicieron algunas pruebas, para aprovechar los excelentes Mauser 1909.

.270 Winchester (1925)

Este es, sin duda, es el más famoso de los hijos del .30-06 Spr.. Muy pocos son los usuarios que están conscientes de que el .270 Winchester tiene más de noventa años de vida, que está más cerca del siglo que de su juventud y, sobre todo, está muy lejos de jubilarse. En las encuestas que realizan los fabricantes norteamericanos todos los años, siempre se ubica entre los diez calibres más vendidos, ya sea en el rubro armas, como en el de munición o elementos y accesorios de recarga.

A pesar de los años que lleva en el mercado, todavía quedan muchas dudas sobre su origen. Solo está confirmado que fue lanzado al mercado en 1925, junto con el rifle que se convertiría en el primer fusil deportivo a cerrojo de Winchester, el Modelo 54. Pero surge una pregunta: ¿por qué Winchester, para este nuevo calibre, utilizar un diámetro de puntas que casi no conoce antecedentes? El .270 (.277" o 6,8mm) es un calibre distinto de los calibres deportivos disponibles y populares en ese momento. La mayoría de los calibres que se desarrollaban por esos años tenían diámetros de proyectil más o menos estándar, como el 6mm, 6,5mm, 7mm, .308", 8mm, etc.. Ni siquiera los wildcatters de la época habían probado con puntas del .270".

Si suponemos que Winchester estaba buscando un nuevo calibre que tuviera mayor alcance que el ya probado .30-06 Spr., era obvio que tenía que utilizar puntas más livianas de menor diámetro. En ese caso, podría haber optado un calibre de los comunes, como el 6mm, el 6,5mm o el 7mm, que ya eran más que conocidos. La opción más lógica, práctica y económica para Winchester era desarrollar un 6,35 (.25 pulgadas) o un 7mm, ambos calibres populares en EE.UU., con la vaina del .30-06 Spr.. Ambos hubieran sido calibres muy buenos como lo demostró el hecho que después se desarrollaran el .280 Remington en 1957 y el .25-06 en 1969, como veremos más adelante en este capítulo.

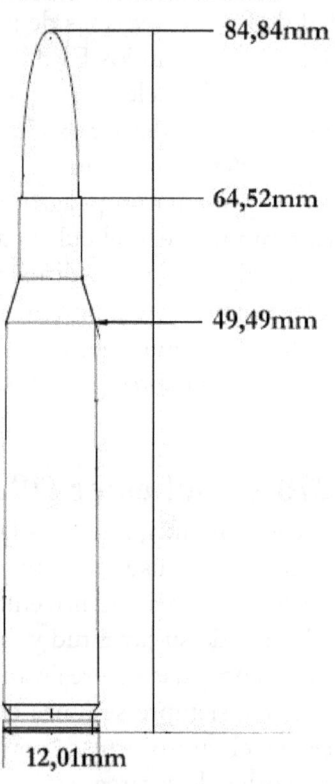

Sin embargo, Winchester se decidió por el .270, un calibre desconocido en los ambientes deportivos, más allá de algunos ignotos calibres europeos de poca potencia, aunque si habían sido probado en el ámbito militar. Hay varias teorías más o menos contradictorias aportadas por distintos autores de la época como Dunlap y Hacker, entre otros testigos privilegiados. Es cierto que el .270 es basicamente un 7mm, es decir que mide exactamente 7,04mm mientras que el calibre que conocemos como 7mm es en realidad un 7,21mm. Si analizamos esto desde el punto de vista práctico, la diferencia entre utilizar puntas de .270 y 7mm es verdaderamente nominal, de apenas 0,007 pulgadas, es decir 0,1778 mm.

Es mi opinión personal, que uno de los factores determinantes en la elección del calibre .270 es lo que podríamos llamar "Factor Milimétrico". En aquellos años, el período entre ambas guerras, en camino a la famosa Depresión, el mundo era muy distinto al que hoy conocemos. Existía la idea que el mercado norteamericano no deseaba calibres con denominación milimétrica, cosa que se demostraría en varias ocasiones. Una probable explicación de este rechazo a los calibres milimétricos es que los dos calibres militares más famosos y populares, el 7x57mm y el 8x57mm, fueron reglamentarios de potencias que fueron enemigas históricas de los EE.UU.. El primero utilizado por España en la Guerra de Cuba contra tropas norteamericanas. El segundo, sirvió en la sangrienta Primera Guerra Mundial en manos de las tropas alemanas y austríacas.

Ahora bien, volvemos a la pregunta original: ¿por qué Winchester eligió el calibre .270? y ¿de dónde sacó la idea de utilizar este diámetro de proyectil? Hay varias teorías, una de ellas es la llamada **"Teoría China"** que dice que Winchester, buscando un calibre novedoso, lo encontró en dos calibres desarrollados por Mauser para el gobierno chino, el 6,8x57mm y el 6,8x60mm. Esto coincide con la visita del General chino Qing En Liu en 1914, al arsenal de Springfield en los EE.UU., en esos años. Algunos autores creen que alguno de los 6,8mm Chinos entusiasmaron a dos famosos escritores y armeros norteamericanos, Hatcher y Askins, que en ese momento eran también consultores de Winchester y que, además, pudieron presenciar las pruebas por trabajar en el Arsenal de Springfield.

En sentido contrario, hay otra teoría que podemos llamar de "Diseño Original" que dice que Winchester ya estaba trabajando en un .270 antes de que Liu visitara los EE.UU.. Esta teoría tiende a ubicar la visita del General Liu unos años después de los comentados más arriba. En esos años, los EE.UU., como muchos otros países, desarrollaban un cartucho calibre .28 (7mm) basado en el .30-06 Spr., en la línea del .276 o del .280 Ross británicos, aunque este calibre utilizaba puntas de 7mm (.284"). Winchester también realizaba sus propios experimentos. Según aparece en el libro Herbert G. Houze (Winchester Bolt Action Military and Sporting Rifles, 1877 to 1937) y corroborado por testimonio del coleccionista norteamericano John Moss, existe un ejemplar del Winchester Modelo 51 con número de serie 1, en calibre .270 fabricado en 1919. Este modelo conocido, también como modelo "Imperial", no pasó la etapa experimental, ya que los directivos de Winchester decidieron que los rifles a cerrojo tipo Mauser no tenían futuro en el mercado norteamericano y abandonaron el proyecto antes de 1920. Es por eso que hubo que esperar hasta 1925, a que Winchester desarrollara el Modelo 54 e introdujera este nuevo calibre. El primer anuncio del Modelo 54 y calibre .270 Winchester apareció en el número de Febrero/Marzo de 1925 del Winchester Herald.

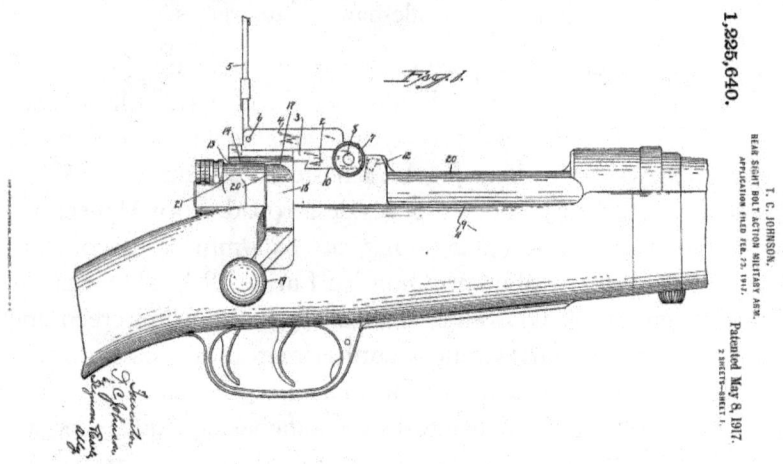

En cualquier caso el .270 Winchester logró gran éxito y una fama notable en pocos años. La balística del .270 Winchester es excelente, tanto es así que sigue siendo, como comentamos, uno de los principales calibres deportivos y no ha perdido impulso a pesar de la marea de nuevos calibres que surgen año a año. Su relación entre potencia y retroceso es también excelente lo que permite tirar con mayor precisión y comodidad, que otros calibres equivalentes. Si hay algo que ha caracterizado al .270 Winchester, desde siempre, fue la falta de variedad de munición. Durante años se fabricó munición y puntas casi exclusivamente en dos pesos: 130 y 150 grains. Esto no pareció ser un problema ni una limitación. De hecho, a pesar de ello, este calibre siguió sumando fanáticos.

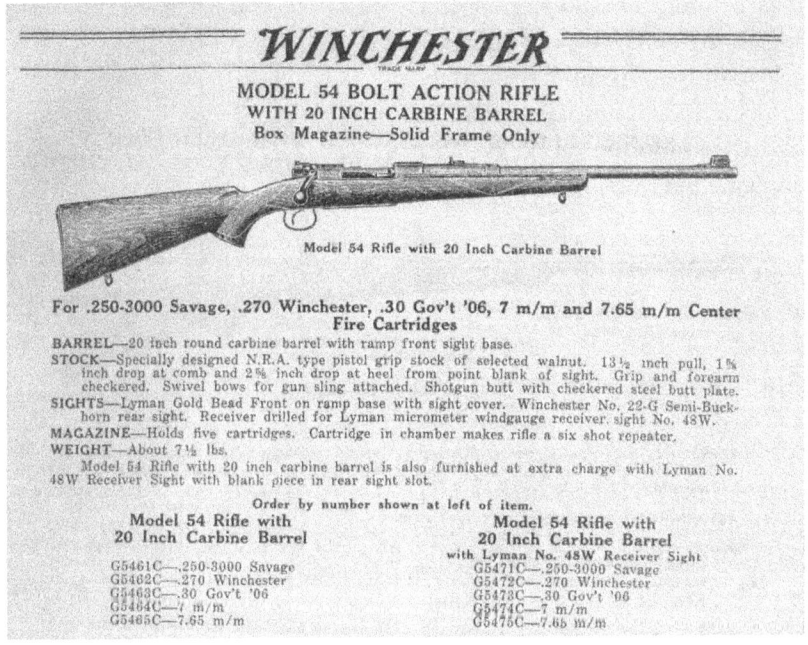

Es muy notable el hecho de que la mayoría de los usuarios del .270 Winchester suelen presentar algún grado de fanatismo, llegando al extremo de ser casi el único calibre que utilizan, como el famoso escritor y cazador Jack O`Connor. El .270 Winchester presenta ese extraño equilibrio que lo hace ideal y hasta casi mágico.

.280 Remington (1957)

Fue tan grande el éxito del .270 Winchester que tuvieron que pasar más de 32 años antes de que algún otro fabricante se propusiera oficializar alguno de los tantos wildcats que andaban por allí. Para ese entonces, los wildcatters ya habían probado casi todas las opciones posibles partiendo de la vaina del .30-06, como el .22-06, el .25-06, el 7mm-06, el .338-06, el .35 y el .400 Whelen. De todos ellos, Remington elige el 7mm, pero no una vez sino dos. Remington lanza primero el .280 Remington, basado en el 7mm-06 y luego el más famoso 7mm Rem. Mag., solo cinco años después, en 1962, calibre basado en el .338 Win. Mag. que veremos más adelante.

Remington no era el primero en elegir la vaina del .30-06 para crear un 7mm, en la década de 1930, Charles O´Neal, Elmer Keith y Don Hopkings había desarrollado el .285 O.K.H., con la vaina del .30/06 reducida para aceptar puntas de 7mm. En la versión original, se probaron cargas dúplex (con dos pólvoras distintas), pero las ventajas balísticas no justificaban la complicación. Otros wildcatters probaron esta opción en calibres como el 7mm Mashburn.

El .280 Remington, fue introducido en 1957, fue lanzado en los modelos más populares de la firma, el 740 (semiautomático), el 760 (fusil a trombón), y los Modelos 721 y 725, a cerrojo de movimientos combinados (tipo Mauser). Sin embargo, el .280 Remington presentaba un serio problema de seguridad por ser casi idéntico al .270. Existía el

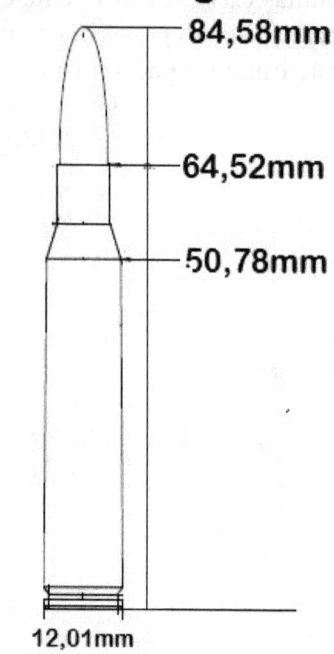

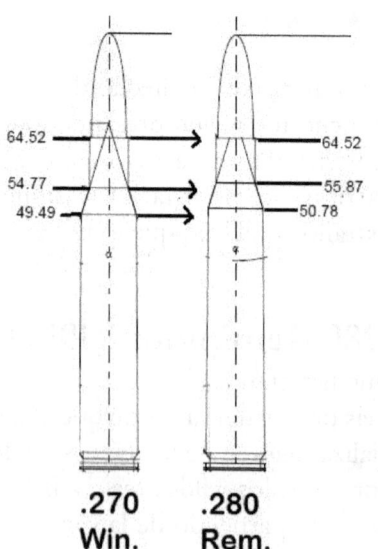

peligro de confundir munición ambas municiones y, si se disparara un cartucho del .280 en un rifle .270, se generaría un exceso de presión sumamente peligroso para el arma y el usuario disparando un proyectil de 7,21 mm en un caño de 7,04mm.. Esto en teoría no debería ocurrir, pero debido a las tolerancias relativas de fabricación, puede ser que un cartucho entre en la recámara equivocada y para solucionarlo, Remington recurrió a un pequeño rediseño del hombro, desplazándolo hacia adelante, de manera que si, por equivocación colocamos cartucho de .280 Remington en un rifle .270 Winchester, el cerrojo no cierra.

El .280 Remington pretendía zanjar la diferencia entre el .270 Win. y el .30-06 Spr., además, tener un calibre propio (de Remington) para competir con el calibre de Winchester. El .280 Remington permitía aprovechar los excelentes proyectiles disponibles en calibre 7mm. Como dijimos hace poco, cuando analizamos el .270 Winchester, nunca hubo gran variedad de puntas para ese calibre, siendo las de 130 grains las más populares. Además, para el .270 se ofrecían por lo general solo puntas de 100 y 150 grains. En cambio, para el .280 Remington estaban disponibles proyectiles de entre 100 y 175 grains, lo que le daba ventajas para la caza mayor más pesada. Sin embargo, el .280 Remington no logró popularidad, probablemente porque no ofrecía grandes ventajas sobre el .270 Winchester.

Dadas las bajas ventas que presentaba el .280 Remington, en 1979, intenta relanzarlo cambiando su nombre por 7 mm Express. A pesar de que el nuevo nombre parecía más interesante, no revirtió la situación y ese cambio no logró otra cosa que confundir al público unos años después. En 1962, Remington lanza su 7mm Rem. Mag. y, así termina ofreciendo a los cazadores el 7mm Remington Express y el 7 mm Remington Magnum, lo que se generaban confusiones. Finalmente, Remington volvió a la vieja denominación, .280 Remington, en 1981.

El .280 Remington es un excelente calibre de caza, que logró alguna popularidad en los EE.UU., pero no logró gran fama en Europa.

.25-06 Remington (1969)

Este es unos de los calibres derivados del .30-06 que primero apareció como wildcat, pero que tardó mucho en oficializarse. Ya en 1912, el famoso Charles Newton hizo las primeras pruebas adaptando la vaina del .30-06 Springfield para aceptar las puntas de 117 grains del .25-35 Winchester. Sus pruebas fueron tan buenas que derivaron en el desarrollo del .250-3000 Savage en 1915, con la misma vaina, pero acortada a 49mm.

Varios wildcatters trabajaron con la vaina del .30-06 reduciendo su cuello a 0,257 pulgadas. Niedner Arms Corporation del armero norteamericano Adolph O. Niedner, por ejemplo, comenzó a fabricar rifles para el .25 Niedner in 1920. El .25 Niedner mantenía el ángulo del hombro del .30-06 (17° 30') y utilizaba caños con paso de estría de 1 vuelta en 12 pulgadas. Hubo otras pruebas de este y calibres similares bajo diversos nombres, el .25 Hi-Power Special, el .25 Whelen, el .25 Griffen & Howe o el .25-100-3000, que desarrollaba 3.000 pies/seg. con puntas de 100 grains (el .250-3000 Savage logra esta velocidad con proyectiles de 87 grains). El .25 Hi-Power Special o 25 Griffen & Howe es un calibre similar al de Niedner, con algunas diferencias, y es el 25-06 más parecido a la versión definitiva de Remington.

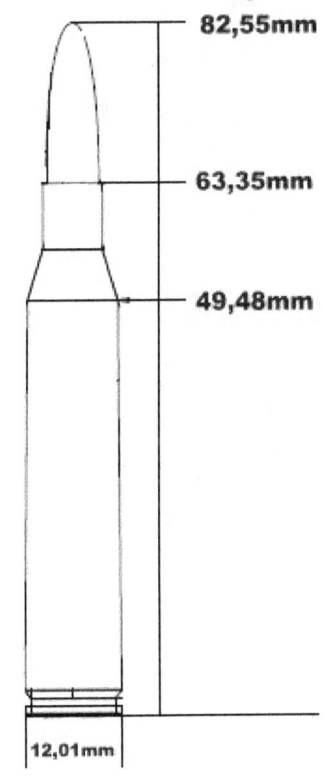

.25-06 Remington
82,55mm
63,35mm
49,48mm
12,01mm

El problema que presentaba el .25-06, por esos años, era la falta de pólvoras adecuadas, que se adaptaran a su condición de "overbore". Este término hace referencia a la relación entre el volumen interno de la vaina y el del interior del caño. Sin entrar en muchos detalles técnicos, podemos decir que cuanto mayor es el volumen interno de la vaina respecto del caño, el calibre se adapta mejor a pólvoras lentas y logrará mayores velocidades para un peso punta dado. Esto tiene que ver con la velocidad de quemado de la pólvora y el aumento de volumen cuando el proyectil avanza por el caño. Cuando el calibre del caño es grande, por cada centímetro aumenta más el volumen y baja la presión más rapidamente. El .25-06 posee casi el mismo volumen interno de vaina y un diámetro del caño mucho menor al de "su padre". Resumiendo, por esos años no existían todavía pólvoras que permitieran aprovechar el volumen de esa vaina y, por eso el .25-06 ofrecía pocas ventajas sobre el .250-3000 Savage.

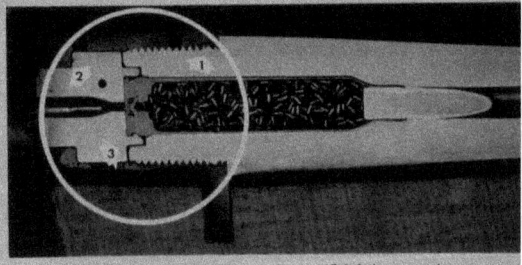

No fue hasta que DuPont introdujera las pólvoras Improved Military Rifle (IMR), que estos calibres como el .25-06 y el .257 Roberts comenzaron a mejorar su balística, "despegándose" de los calibres más viejos. La aparición de la pólvora IMR-4350 y la IMR-4831, a fines del a Segunda Guerra Mundial, impulsó al .25-06 entre los wildcatters.

Pero todavía tuvieron que pasar muchos años hasta que finalmente Remington lanza oficialmente el .25-06, en Enero de 1970. Para ello, simplemente redujo el cuello de la vaina del .30-06 Sprg. al calibre .25 o 6,35 milímetros nominal, con bastante éxito. Este cartucho alcanzo bastante popularidad en cuanto estuvo disponible en el mercado, dada su flexibilidad en permitir usar proyectiles de 75 a 90 grains para la caza varmint y los de 100 a 120 para la caza mayor de ciervos hasta cuatrocientos kilos.

En la actualidad Remington, Ruger, Savage, Winchester, Weatherby, Sako y casi todos fabricantes de acciones de cerrojo ofrecen una versión por lo menos en .25-06.

.35 Whelen (1988)

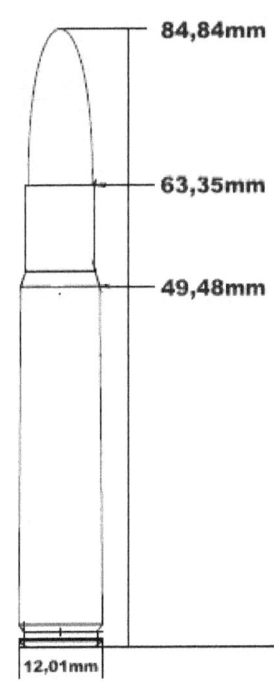

A pesar de que Remington lo oficializó en 1988, no era un calibre nuevo, sino que el viejo .35 Whelen, fue desarrollado en los EE.UU. a fines de la Primera Guerra Mundial. Por esos años, existían muy pocos calibres gruesos de puntas pesadas, adaptables a los modernos rifles de cerrojo combinado como el Springfield y el Mauser. Los calibres gruesos que un cazador norteamericano tenía a su disposición eran los viejos calibres de pólvora negra, algunos con reborde y adaptados al Winchester 1895 a palanca como el .35 Win., el .405 Win. y el .45-70 Gov.. Por otro lado, estaban los calibres ingleses como el .375 H&H Mag. y el .416 Rigby que eran excelentes, pero debían ser disparados desde impecables fusiles sumamente costosos. El .35 Whelen viene entonces a llenar ese nicho de calibres gruesos, adaptables a rifles a cerrojo de bajo costo. Como en el caso de la mayoría de los calibres de la época, hay varias versiones sobre la creación de este calibre. Una de ellas dice que fue un diseño de James Howe, quien le puso ese nombre en honor al conocido cazador y escritor Townsend Whelen.

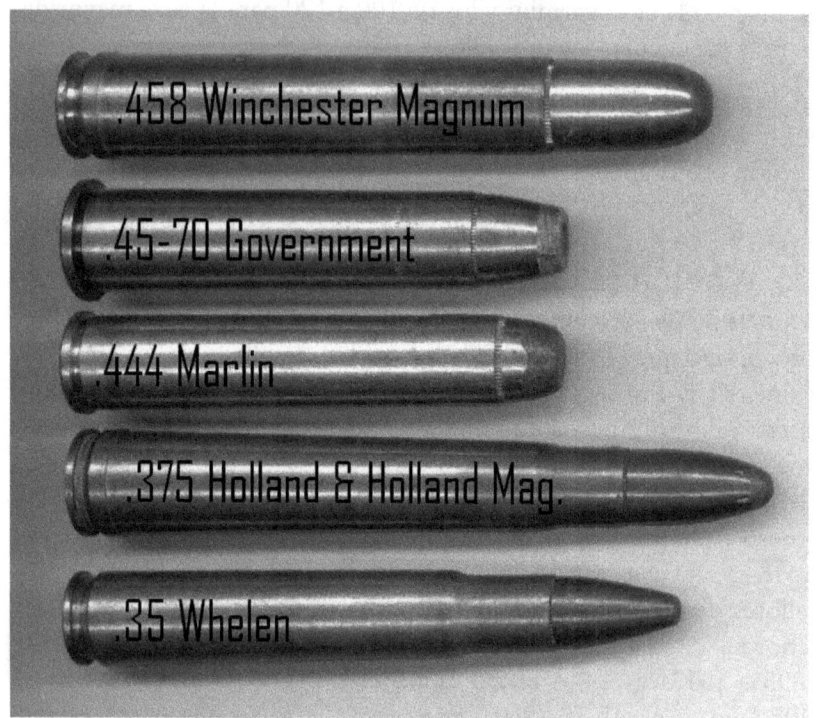

Otros autores creen que fue un desarrollo conjunto, dado que en el año 1922, Townsend Whelen, era jefe del Arsenal de Frankford donde trabajaba James Howe, como fabricante de herramientas. Por otro lado, Seymour Griffin tenía un negocio dedicado a la carpintería en New York quien, luego de leer sobre el safari que Theodore Roosevelt realizó en 1910, decidió comenzar a hacer culatas deportivas para los fusiles Springfield militares. En Abril de 1923 el Coronel Whelen le sugiere a Griffin que su negocio mejoraría si agregaba un armero como James V. Howe, que ya venía trabajando en el Frankford Arsenal de Filadelfia. Según esta hipótesis, ambos comenzaron a trabajar en nuevo cartucho que se aproximara al .375 Holland & Holland Magnum, pero utilizando componentes locales y que se pudiera vender a un precio más accesible para el ciudadano común. Tomaron como base la vaina de

.30-06, que era abundante, dado que era el calibre reglamentario. El primer intento fue expandir el cuello para alojar una punta calibre .412 pulg. como la del .405 Win. que tan buen resultado le había dado a Theodore Roosevelt en África. Sin embargo, esta alternativa no fue satisfactoria pues el hombro era muy pequeño y, algunas veces, el golpe del percutor empujaba el cartucho hacia adelante en lugar de dispararlo. El siguiente paso (que sí dio resultado), fue reducir el diámetro del .400 Whelen (así se llamó) a .358 pulg., y se obtuvo así, el .35 Whelen.

Este calibre, a diferencia de otros "wildcats" de la época, nunca tuvo problemas con las pólvoras existentes en su momento, que se adaptaban perfectamente para su recarga. Como esto no ocurría con el .35 Whelen que desde un comienzo, logró bastante popularidad. Durante décadas, mantuvo cierta popularidad a pesar de que nunca fue oficializado se hicieron cientos de fusiles recamarados para el .35 Whelen. Recién en 1988 Remington lo oficializó con su nombre histórico: .35 Whelen. A pesar de ser un calibre de gran diámetro, es notablemente versátil, dado que puede utilizar las puntas entre 200 y 300 grains. Las puntas más adecuadas son las de 200 grains, que puede dispararse a 2.600 pies/seg. y las de 250 grains, con una velocidad de 2.300 pies/seg. Comparándolo con el .375 H & H Mag, vemos que el .35 Whelen tiene dos tercios de la potencia del magnum, pero esto con la ventaja de un rifle más liviano y utilizar una acción standard, en resumen más barato y fácil de construir.

.338-06 (1998)

A principios del Siglo XX algunos calibres intermedios, como el .318 Westley Richards y el .333 Jeffrey, lograron cierta popularidad en los campos de caza y, sobre todo, en África. Estos calibres utilizaban puntas pesadas y de excelente balística para la época. Si bien eran similares al .30-06, tenían la posibilidad de utilizar puntas de 250 a 300 grains. Sin embargo, estos calibres estaban disponibles solo en armas Británicos muy costosas y difíciles de conseguir. Por ello, a mediados de los años 1940, tres innovadores, Charles O'Neil, Elmer

Keith y Don Hopkins desarrollaron toda una serie de cartuchos entre los cuales estaban el .333 O.K.H. (las iniciales de sus apellidos) y el .334" O.K.H.. Buscaban proyectiles más pesados que los disponibles para calibre .30 y para ello recurrieron a las puntas calibre .333". En su época era considerado un calibre excelente para caza mayor, capaz de abatir cualquier animal de Norteamérica y África. Pero la escasez de puntas de este calibre (.333") limitó en gran medida su popularidad.

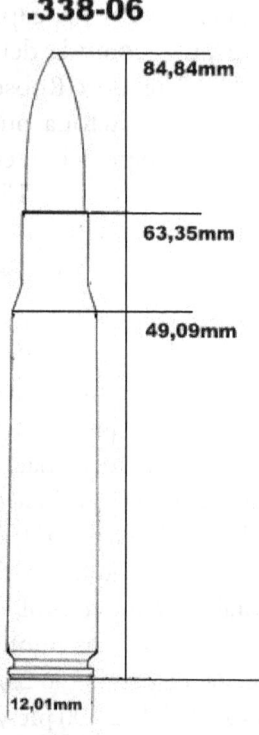

Con la aparición del .338 Winchester Magnum, el .333 O.K.H. fue perdiéndose, dadas las ventajas balísticas del Magnum de Winchester y, el .333 solo quedó como referencia histórica. Sin embargo, entre los recargadores surgió una opción muy práctica al .333 O.K.H., el .338-06, casi idéntico, pero utilizando puntas del .338", mucho más fáciles de conseguir. De esta manera, la ventaja de utilizar puntas más pesadas, volvía a estar disponible en calibres de potencia media sin tener que recurrir a calibres Magnum. Balísticamente este calibre se ubica entre el .30-06 y el .35 Whelen, ofreciendo mayor potencia y penetración que el primero y mejor trayectoria que el segundo. Uno de los primeros cazadores en utilizarlo fue Bob Steindler en el años 1967. Durante años estuvo disponible solo como Wildcat, hasta que en 1998, A-Square decidió incluirlo en su línea de cartuchos, con la aprobación de S.A.A.M.I., reconociéndolo como calibre estándar. Al mismo tiempo, Weatherby comenzó a ofrecer rifles y munición para el .338-06.

La Familia del .250 Savage

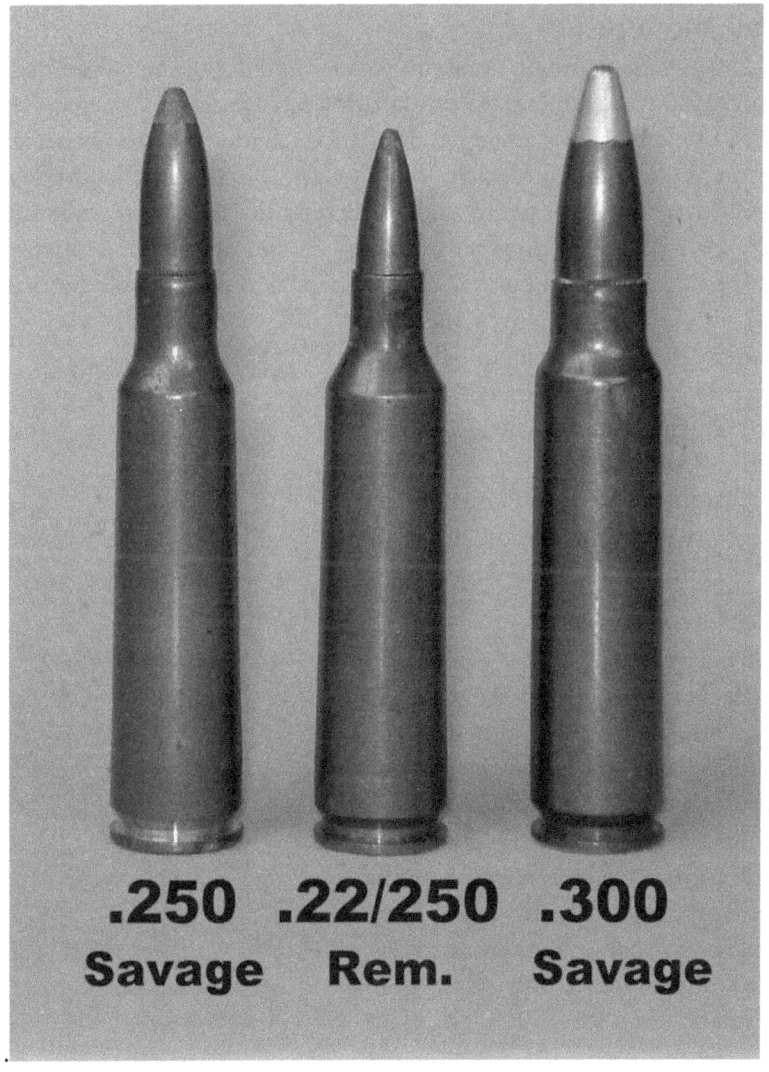

Esta es una familia particular, a pesar de contar con muy pocos calibres, estos resultaron de suma importancia para la historia de las armas y cartuchos modernos. Esta familia tiene solo tres integrantes oficiales, el .250 Savage (padre) y dos hijos, el .300 Savage, padre del famoso .308 Winchester y el .22-250 el varminter más famoso.

.250 Savage (1915)

El .250 Savage, también conocido como .250-3000, fue introducido al mercado norteamericano por la firma Savage Arms Company en 1915. Fue creado por el genial diseñador Charles Newton especialmente para el Savage Modelo 99 de palanca. En su diseño original, Newton recomendaba utilizar proyectiles de 100 grain, con una velocidad de 2.800 pies/seg. en la boca del arma. Sin embargo, Savage Arms quería que este calibre fuera algo novedoso e innovador, quería que el suyo fuera el primer calibre comercial que llegara a los 3.000 pies/seg.. Para ello, debieron reducir el peso del proyectil a 87 grain. Por ello, Newton lo criticó públicamente ya que consideraba que estos proyectiles eran demasiado livianos para la caza de animales mayores.

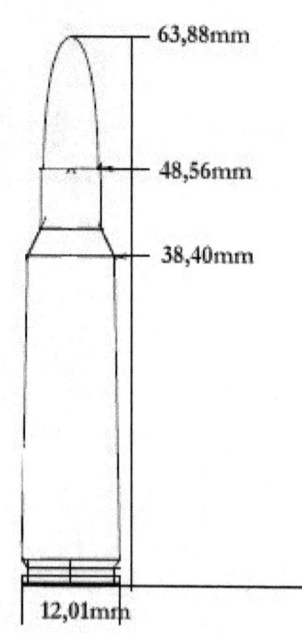

Fueron tres los factores principales que le dieron al .250-3000 una rápida popularidad. Por un lado, su excelente balística, que aún hoy mantiene cierta vigencia. Otro factor fue el hecho de ser un calibre con excelente trayectoria que, además, podía dispararse desde un rifle a palanca de tamaño razonable. Por esos años los rifles a palanca gozaban de gran popularidad en los EE.UU. pero las opciones disponibles eran limitadas. Por un lado, estaban los clásicos Winchester 94 a palanca que, debido al cargador tubular, utilizaban proyectiles redondeados o planos, de pobre balística. Por otro lado, estaba el Winchester 1895, que disparaba munición de excelente trayectoria como el .30-06, pero era un rifle muy pesado e incómodo, muy poco ergonómico. Así, el Savage 99 en .250-3000 era un rifle de palanca bastante más liviano que el 1895 y tenía mejor balística que el 94, por lo que casi no tenía competidores.

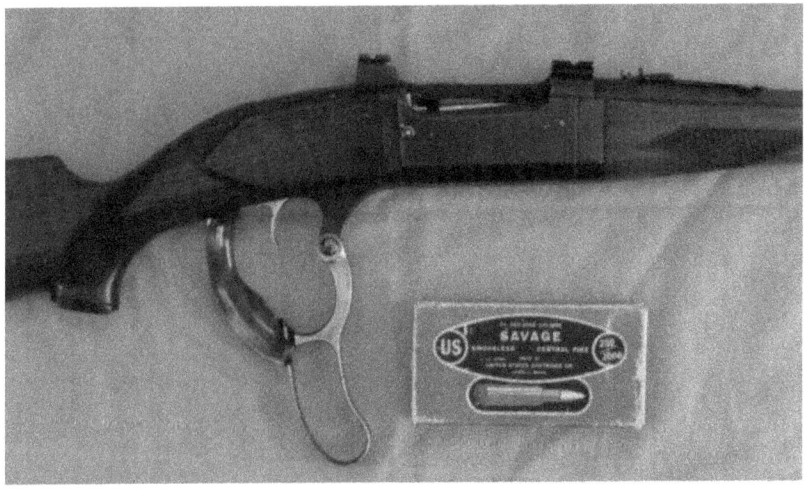

Savage, además de su famoso Modelo 99 a palanca, ofreció el Modelo 1920, en el nuevo .250-3000 Savage. Pero los otros fabricantes no se quedaron atrás, tanto Winchester como Remington ofrecían este calibres en sus rifles a cerrojo.

En 1921, la Western Cartridge Co. comenzó a ofrecer la munición que Newton prefería, con puntas de 100 grains, que tenían mejor resultado con animales mayores. En la actualidad se ofrece con proyectiles de entre 80 y 120 grains, resultando un excelente cartucho tanto para Varmint como para la caza de animales de la talla del ciervo, dentro de sus limitaciones.

Su performance era excelente, para la época, entre los pocos calibres disponibles. Con una balística similar a las del .257 Roberts y mucho mejor que el .30-30 Winchester, ofrecía excelentes prestaciones para el cazador norteamericano. Pero su popularidad no duró mucho, ya que después de los años 1950, fue perdiendo sitio en el mercado siendo reemplazado por los nuevos 6mm Remington y .243 Winchester, con mejor trayectoria y menor retroceso. A pesar de su pequeño tamaño, el .250 Savage sigue siendo un calibre excelente y junto con el famoso Modelo 99, sigue manteniendo cierta popularidad.

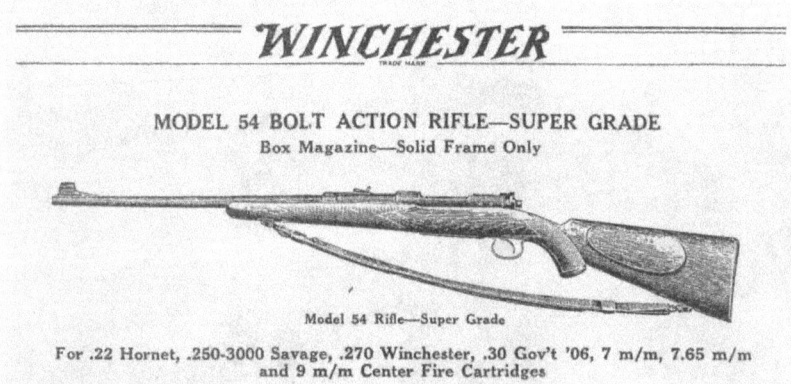

.300 Savage (1920)

Este es un cartucho diseñado hacia 1920 por la Savage Arms también para su Modelo 99, un fusil a palanca con un resistente sistema de cierre que les permitía disparar cartuchos muy potentes, incluso más que el .300 Savage. Es un cartucho con una potencia algo mayor que el .30-30 Win., pero menor que el .308 Winchester. En su momento presentaba una balística similar a la del .30-40 Krag y casi igual a la del .30-06, si consideramos la balística de este calibre en el momento de su adopción, en 1906.

Lo curioso del .300 Savage es que, a pesar de la poca popularidad que tuvo, su vaina fue utilizada para desarrollar uno de los calibres más famosos y exitosos de la historia, el .308 Win. La Segunda Guerra Mundial demostró que el .30-06 Springfield, aunque era un

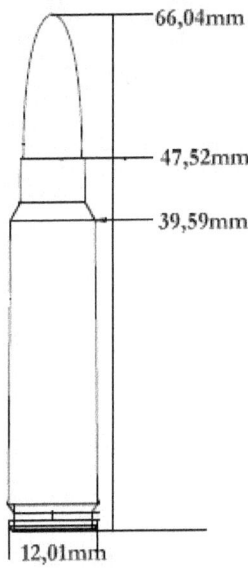

excelente calibre militar, resultaba excesivo para las distancias normales de combate modernas, en los nuevos escenarios europeos. Con la Guerra Fría en pleno desarrollo, los países occidentales fundan, en 1949, la O.T.A.N, "Organización del Tratado del Atlántico Norte", o N.A.T.O. por sus siglas en inglés.

Los países europeos de la N.A.T.O. hicieron muchas pruebas y, EE.UU. comienza, en 1944 a realizar sus propias pruebas en el arsenal de Frankford, usando como base el viejo .300 Savage. El Arsenal compró vainas comerciales marca Winchester y Remington, con las que se armaron los cartuchos para realizar las primeras pruebas, con el fin de determinar la factibilidad del proyecto. Se midieron presiones de trabajo, velocidades, y se ensayó en busca de pólvoras y fulminantes apropiados para la nueva munición. Cuando se vio que el calibre funcionaba bastante bien, se produjo una cantidad de vainas militares para realizar ensayos. El diseño final, con vaina de 51mm, fue aprobado en 1949 y se denominó FAT1E3. Como puede verse, la idea del .300 Savage era buena. Con una vaina de 47mm de largo, 4mm más corta que la del .308 Winchester, por lo que no hay muchas explicaciones del porque uno pasó al olvido y el otro se transformó en uno de los calibres de fusil más populares. No hay manera de saberlo a ciencia cierta pero podemos ensayar un par de teorías. Es muy probable que al momento de su introducción, no presentara ventajas balísticas suficientes. Por otro lado, su aparición coincidió con la disminución de popularidad de los fusiles a palanca. Cuando los cazadores comenzaron a apreciar las ventajas de los fusiles a cerrojo (tipo Mauser). A esto se suma el hecho que la mayoría de los grandes fabricantes, como Remington o Winchester, no ofrecían sus modelos en calibre .300 Savage. Todo esto conspiró para que los cazadores norteamericanos volcaran su interés sobre otros calibres.

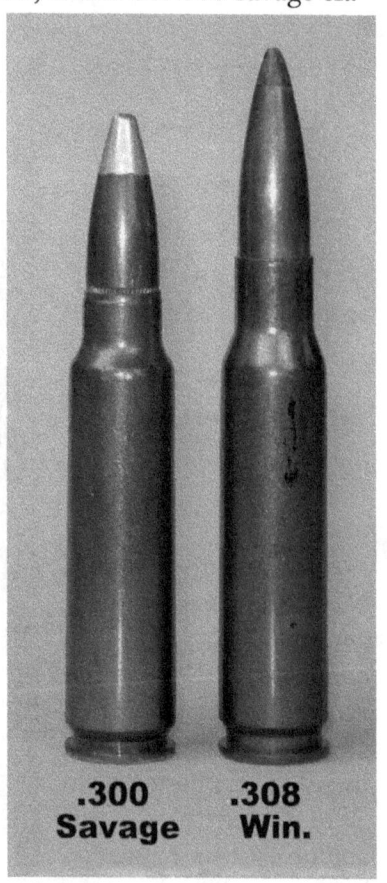

.300 Savage   .308 Win.

.22-250 Remington (1965)

El .22-250 es unos de los calibre varminter más famoso, a pesar de haber sido un wildcat por casi medio siglo, hasta que fue oficializado por Remington, en 1965. Su origen no está muy claro como ocurre con gran cantidad de wildcats de principios del Siglo XX y Ken Waters, en sus artículos para la revista Handloader, no lo deja muy claro.

El .22-250 obtiene su nombre de la unión de su calibre, el .22, con el calibre de la vaina utilizada, la del .250 Savage. Según Waters los primeros intentos de crear un calibre como este fueron los realizados por Harvey Donaldson, en 1916, pero como utilizó un caño del .22 High Power Savage, en realidad es calibre .228 pulgadas. Unos años después, Grosvenor Wotkyns (padre del famoso .22 Hornet) realizó también experimentos con la vaina del .250 Savage, pero en este caso utilizando cañones del .22 L.R., .223 pulgadas. Muchos otros wildcatters siguieron experimentando con este diseño por años, como el caso de Jerry Gebby, Charles Newton y P.O. Ackley, entre otros. En 1937 Grosvenor Wotkyns, J.E. Gebby y J.B Bushnell Smith lo llamaron . 22 Varminter y también .220 WOS (Wotkyns Original Swift). Phil Sharpe comenzó a fabricar rifles en este calibre en 1937.

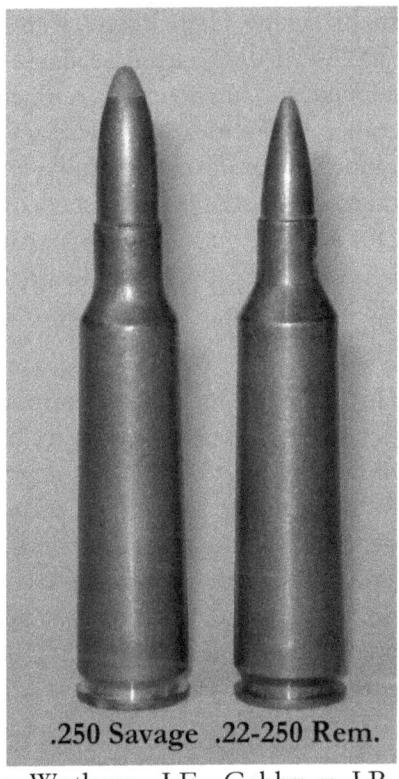

.250 Savage .22-250 Rem.

Es muy difícil explicar específicamente el porque del éxito de un calibre y más aún respecto del .22-250. El calibre en realidad no tiene ninguna característica notable, no es el más veloz, no usa puntas especiales. Será simplemente que logra un equilibrio que otros calibres como el .220 Swift o el .223 Remington no consiguen. Su precisión es excelente e, incluso algunos cazadores se han animado a usarlo para caza mayor con tiros "quirúrgicos". Desde ya esto no es ni recomendable ni legal bajo las leyes argentinas actuales.

Como dato curioso, Browning Arms Company empezó a ofrecer su Browning High Power Rifle en .22-250 en 1963, cuando todavía era un wildcat y aún no existía munición comercial. Fabricar un rifle, para un calibre que no está disponible en el mercado, era algo sin precedentes. Dos años después Remington Arms lanza al mercado la munición del .22-250 Remington para sus modelos 700 and 40 XB Match.

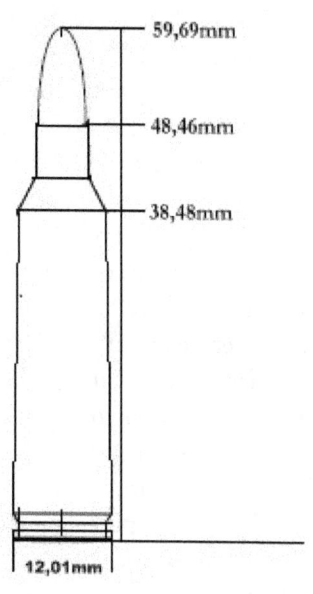

Hoy es uno de los calibres varminter de mayor popularidad en todo el mundo, aunque el .223 Remington, lo ha sacado de su sitial de preponderancia, no por ventajas balísticas sino por ser más económico y comportarse igual de bien en distancias medias. Sin embargo, el .22-250 sigue siendo uno de los mejores calibres para cazar a distancias largas, gracias a sus ventajas balísticas.

Como dato curioso, además del uso deportivo de este calibre, podemos citar el uso militar del .22-250 Remington como calibre militar/policial, aprovechando su trayectoria rasante y sus proyectiles varminter. Así, en 1980, las SAS británicas y el Australian Special Air Service Regiment de Australia (fuerzas especiales), usaron el rifle Tikka M55 Sniper en calibre .22-250 para contraterrorismo urbano con el fin de evitar sobrepenetración y rebotes peligrosos, en zonas pobladas.

La Familia del .308 Winchester

Esta es otra de las prolíficas familias que desarrollaron gran cantidad de "hijos" con un amplio rango de prestaciones. El .308 Winchester sirvió de base para muchos calibres, algunos famosos como el .243 Winchester y el .358 Winchester, pero también otros calibres casi desconocidos en nuestro medio, como el 7-08 o el .260 Winchester.

.308 Winchester (1952)

El .308 Winchester es un joven calibre de caza mayor de gran popularidad en el mercado, gracias a sus varias ventajas. Entre ellas podemos enumerar, una potencia suficiente para la mayoría de la caza mayor, un retroceso manejable aún para quienes recién se inician, una buena trayectoria dentro de las distancias de caza y una generosa variedad de munición y componentes de recarga. Por todo esto es el calibre preferido a la hora de recomendar a aquellos que se inician y aún para los expertos. El .308 Winchester es, junto con el .30-06 Spr., uno de los calibres no-magnum preferidos por los cazadores de todo el mundo.

Aunque el .30-06 era un calibre excelente y podía utilizarse en armas

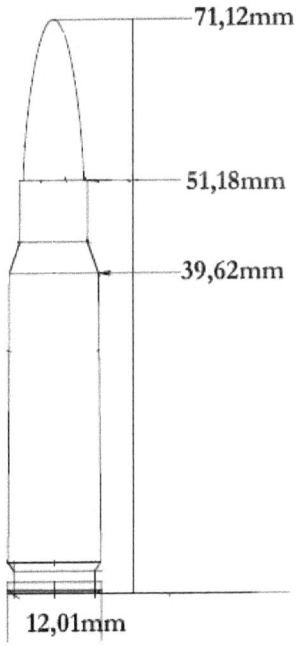

automáticas, su largo obligaba a un excesivo recorrido de los mecanismos y aumentaba el peso y tamaño de los rifles, como pudo verse con el famoso Garand M1. De hecho, en el momento de su adopción, existían muchos calibres modernos más prácticos que podían utilizarse en armas automáticas, con similar desempeño que el .30-06. Sin embargo, se dice que a instancias del general Douglas Mc Arthur, el Garand fue finalmente desarrollado para el .30-06.

La Segunda Guerra Mundial demostró que el .30-06 Springfield, aunque era un excelente calibre militar, resultaba excesivo para las distancias de combate modernas, en los nuevos escenarios. Las fuerzas armadas norteamericanas ya habían ensayado un calibre .30 de menor potencia con poco éxito, el .30 Carbine., pero se quedaba muy corto en potencia, y fue finalmente abandonado. Al final de la guerra era obvio que hacía falta un nuevo calibre, pero el escenario mundial había sufrido grandes cambios. Con la Guerra Fría en pleno desarrollo, los países occidentales fundan, en 1949, la O.T.A.N, "Organización del Tratado del Atlántico Norte", o N.A.T.O. por sus siglas en inglés. Ahora el problema se complicaba aún más ya que debían desarrollar un calibre que dejara conformes a todos los miembros integrantes de la N.A.T.O. Esto implicaba llegar a un compromiso, que finalmente no se hizo. Se probaron muchos calibres.

En 1944, EE.UU. comienza a realizar pruebas en el arsenal de Frankford, usando como base el viejo .300 Savage. Con estas se armaron los cartuchos para las primeras pruebas, con el fin de determinar la factibilidad del proyecto. Se midieron presiones de trabajo, velocidades, y se ensayó en busca de pólvoras y fulminantes apropiados. Como puede verse, en el campo deportivo, la idea de un calibre .30 de vaina corta ya había sido probada muchos años antes, cuando, en 1920 Savage desarrolló el .300 Savage. Este calibre utilizaba una vaina similar a la del .250 Savage, adaptada para aceptar puntas calibre .30. La vaina quedó así con un largo de 47 mm, de esta manera el largo total del cartucho resultó apto para el Modelo 99. A pesar de su tamaño, el .300 Savage, desarrollaba 2.600 pies/seg. con la punta de 150 grains, se acercaba mucho a la balística original del 30-06 Springfield, si consideramos la balística de este calibre en el momento de su adopción, en 1906.

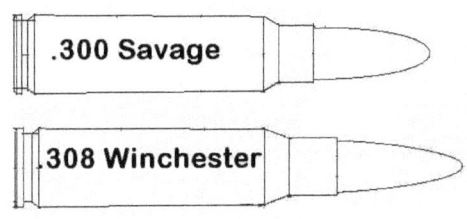

Volviendo a los ensayos militares norteamericanos, cuando se vio que el calibre funcionaba bien, se produjo una cantidad de vainas militares para realizar ensayos con distintos largos de vaina y distintos ángulos del hombro. El diseño final fue aprobado en 1949 y se lo denominó FAT1E3. A pesar de ello, se siguieron haciendo ensayos hasta su definitiva adopción por la O.T.A.N. (Organización del Tratado del Atlántico norte) en Agosto de 1954.

Un tema que suele aparecer en las discusiones acerca del origen del 7,62 es el de la razón por la cual se tardó tanto tiempo para su desarrollo. Algunos autores dicen que hubo que esperar a que hubiera pólvoras nuevas para poder reducir la vaina sin perder condiciones balísticas. En resumen, para achicar la vaina del .30-06 Spr. sin perder performance. Esta teoría se basa en que los desarrollos del 7,62mm fueron hechos con modernas pólvoras de Winchester, denominadas "Ball". Sin embargo, estos mismos desarrollos pudieron haberse hecho con pólvoras más viejas como lo demuestra el hecho de que el .308 Win. se puede cargar con muchas pólvora como la IMR 3031, 4320 y 4895 que estaban disponibles desde los años 30. La pólvora "ball" no fue elegida precisamente por tener características balísticas especiales, sino por ser más económicas de fabricar y funcionar mejor en las tolvas automáticas de las fábricas. Sin embargo, este detalle de usar pólvora "ball" para su desarrollo, resultaría clave en la creación de la versión deportiva de este cartucho. Debido a que Winchester proveía la pólvora, se vio involucrado en el desarrollo del proyecto. A eso se sumaba el hecho que ya desde 1948 Winchester planeaba el desarrollo de un nuevo fusil, menos costoso que su famoso Modelo 70. Varios prototipos fueron fabricados y recamarados para un nuevo calibre denominado .30-80 W.C.F.. Finalmente, en 1952 Winchester abandona el proyecto del Modelo 80 y solicita al departamento de Ordenanza la autorización para utilizar la vaina desarrollada en un calibre deportivo, y dicho permiso fue concedido y nace así el .308 Winchester.

Prototipos y modelo definitivo del 7,62x51mm NATO

Las primeras cargas, bajo las marcas Super-X y Super Speed, utilizaban puntas de 110, 150 y 180 grains. Estas fueron lanzadas al mercado junto con un nuevo Modelo 70 Feather Weight, más corto y liviano que el fusil original. A la hora de elegir un nombre, y habiendo abandonado el proyecto del Modelo 80, Winchester se decide por llamarlo .308 Winchester.

Dos vías paralelas ayudaron a darle gran popularidad al .308 Win.. Por un lado, al ser adoptado por un gran número de naciones como Inglaterra, Bélgica, España, Argentina, e incluso los EE.UU. durante un tiempo (hasta su reemplazo por el .223 Rem.) rápidamente estuvo disponible en casi todos los países de occidente. Esto no ayudó en todos los casos, ya que en muchos países europeos está vedado para el uso deportivo de calibres militares. Por otro lado, el .308 Winchester encontró un nicho en el mundo deportivo que había sido poco explotado, el de los calibres para armas de sistema de mecanismos cortos. Estos aprovechan un sinnúmero de armas que, por su diseño, deben tener un mecanismo corto, como es el caso de las semiautomáticas y las armas a palanca que, hasta ese momento, debían conformarse con calibres menos potentes.

La balística del .308 Winchester lo hace apto para todo tipo de caza mayor liviana, aunque, según algunos autores puede resultar un poco ajustado para la caza del ciervo colorado bajo algunas circunstancias. Sin embargo, viene siendo utilizado desde hace años sin mayores problemas. El .308 Winchester posee una trayectoria suficientemente tendida como para tirar sin problemas a distancias normales de caza y un poco más. El retroceso es más que aceptable siendo un excelente calibre para damas y jóvenes.

En general el .308 es utilizado en armas para provechar su menor longitud, como en los rifles semiautomáticos militares, FAL y M14 o los deportivos Winchester 100 o Browning BAR. El hecho que el .308 Winchester puede ser utilizado en fusiles con acciones más cortas, permite tener rifles más cortos sin tener que utilizar un caño de menor longitud, que perdería velocidad y potencia. Los cerrojos cortos son, también, más rápidos de accionar y tendrían, en teoría más rapidez de recarga, pero esto es más teórico que práctico. En rifles a cerrojo, también permite reducir el tamaño y el peso de los fusiles de caza como en los casos del Winchester Featherweight, o los Remington 600 y Modelo 7.

.243 Winchester (1955)

El .243 Winchester es otro de los diez calibres con mayor popularidad a nivel mundial. Esto no es casual, los que lo usan se vuelven fanáticos y, aunque tiene algunos detractores, sigue siendo uno de los más elegidos a la hora de comprar un fusil. Es importante tener en cuenta que, con la cantidad de calibres que inundan hoy el mercado, son muy pocos los que logran tanta popularidad como para que baste con decir los números para saber, sin duda, a cual nos referimos. Si usted dice simplemente "dos, cuarenta y tres" todos sabemos de qué calibre hablamos.

Cuando Winchester recibió la autorización para desarrollar la versión deportiva del 7,62x51mm NATO, ya había estado realizando pruebas con dicha vaina, probándola en diferentes calibres. Se probaron opciones con puntas de diámetros desde el .224 hasta el .358 pulg. De estos ensayos, finalmente salió el trío de calibres que la firma Winchester lanzó al mercado a lo largo de la década de 1950, el .308, el .243 y el .358 en orden de aparición.

La historia del desarrollo del .243 Winchester no es muy clara. Por misteriosas razones, en 1951 llegaron a

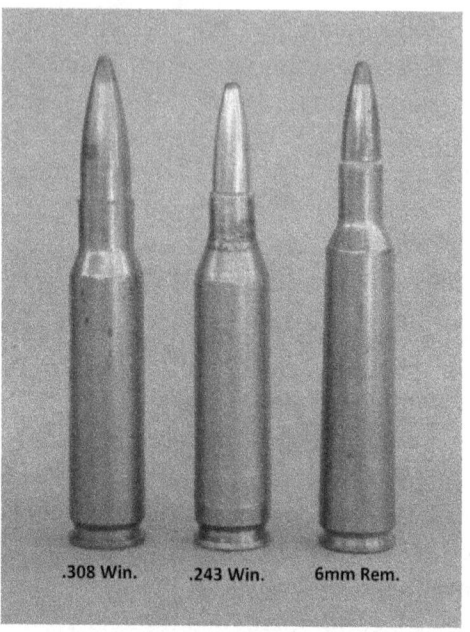

manos de Warren Page algunas vainas de un calibre que era todavía experimental, el 7,62x51mm. Este escritor (Field & Stream), tirador y experimentador norteamericano adaptó estas vainas para poder montar puntas del 6mm. Para ello, le bajó el hombro y le dio los 30 grados de inclinación, como era tradicional en los Wildcat de la época. Esto se hacía para tratar de mantener el cuello con un largo suficiente para que pudiera sostener la punta derecha. Este wildcat tuvo muy buena aceptación y en poco tiempo se convirtió en un clásico. Page ofreció su .240 Page Pooper (le puso ese nombre) a Winchester, pero los directivos no mostraron mayor interés por el nuevo calibre. Esto sorprendió a Page, que no sabía que lo que en verdad ocurría era que Winchester ya tenía su propio proyecto para esta vaina y no quería divulgarlo. Así, a fines de 1952, Winchester presenta la versión deportiva del T65, conocido como .308 Winchester, el que recién en 1954 adoptaría su nombre militar definitivo de 7,62x51 mm NATO. Este fue un paso decisivo para el posterior desarrollo del .243. Con esta aparición pública del .308 Winchester, otros wildcatters se lanzaron a proyectar sus propias versiones en distintos calibres, entre ellas, el 6mm. Esto, sin saber que Winchester ya estaba trabajando en su propio 6mm comercial. Es muy probable que la aparición de tantos Wildcats 6mm utilizando la vaina del .308, fuera lo que, en definitiva, precipitara la decisión de Winchester que, en el año 1955, presenta oficialmente al .243 Winchester, como nuevo calibre para su famoso fusil a cerrojo, el Modelo 70.

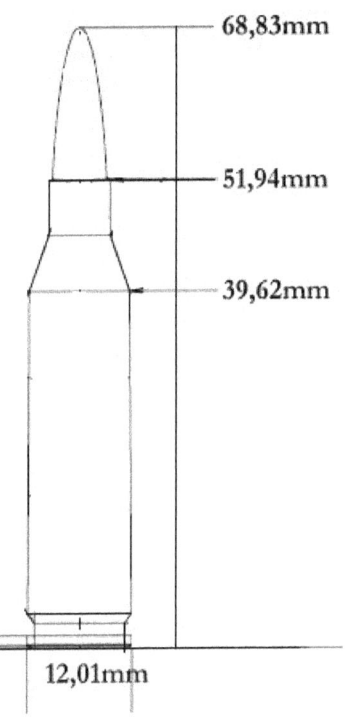

Le siguieron otros fabricantes que rápidamente adoptaron el calibre para sus propios modelos aprovechando las ventajas del .243. Una de ellas, y muy importante comercialmente, era que se ajustaba perfectamente a los mecanismos desarrollados para el .308 Win. De esta manera cualquier fabricante podía ofrecer ambos calibres en sus modelos con mínimas complicaciones. Es interesante notar que por un breve período este calibre llevó la denominación 6mm Winchester e incluso se fabricó munición con esta estampa en el culote. Sin embargo, la poca popularidad de los calibres milimétricos en los EE.UU. hizo que rapidamente cambiaran el nombre al que hoy conocemos, ".243 Win.".

Tres son las virtudes principales del .243 Winchester, en primer lugar, es un calibre sumamente preciso. En segundo lugar, su poco retroceso hace que tirar con él sea un gusto, lo que, además, ayuda a mejorar la precisión indirectamente porque es más fácil tirar cuando no esperamos un fuerte retroceso. Por último, su elevada velocidad y la balística de sus proyectiles le dan una trayectoria muy tendida, es decir que nos permite un mayor margen de error en la estimación de la distancia para tiros largos. Podemos decir que la creación de un calibre como el .243 Winchester era casi inevitable en la década de 1950. En esos años casi no había calibres que utilizaran puntas de 6mm en los EE.UU.. Esto es, un calibre mediano de trayectoria tendida, era ocupado por una serie de calibres .257 (6,35mm), con diverso grado e popularidad. Con calibres como el viejo .25-35 Win., el .25 Remington, el .257 Roberts y el .25-06, la opción de utilizar calibres 6mm había sido olvidada por años.

Este calibre se transformó rapidamente en el principal calibre 6mm de alta velocidad en los EE.UU., pero la exclusividad le duró poco. Apurado por la aparición del .243 de Winchester, Remington lanza también su propio 6mm, pero partiendo de una vaina un poco más larga, la del .257 Roberts, que a su vez derivaba de la del viejo 7x57mm Mauser. A pesar de sus virtudes, el 6mm de Remington nunca llegó a hacerle sombra al .243.

El .243 Winchester se posiciona justo en ese gran territorio de los calibre intermedios; entre los calibres varminter de alta velocidad y los calibres de caza mayor. Esto, aunque es una ventaja por la gran variedad de usos que le brinda, tiene un grave problema, que radica en que las prestaciones necesarias para ambas actividades son casi diametralmente opuestas. Por ello, la elección de los proyectiles se vuelve fundamental en el .243 Winchester, más aún que en otros calibres.

Son muy pocos los fabricantes de armas que no ofrezcan este calibre en alguno de sus modelos. Como miembro de la familia del .308 Win., el .243 Winchester se adapta muy bien a fusiles de cerrojo corto, así como algunos modelos a palanca y semiautomáticos. Esto, junto con su bajo retroceso y trayectoria tendida, lo hace óptimo para ser usado en rifles livianos de montaña, así como una excelente elección para introducir a jóvenes y mujeres en el tiro con fusil.

.358 Winchester (1955)

Presentado junto con el .243, el .358 Winchester completa el trío. De esta manera, Winchester ofrecía al cazador norteamericano tres calibres que abarcan un amplio rango de prestaciones. Desde la caza de plagas y caza mayor liviana con el .243 Winchester, un calibre medio como el .308 Winchester con su gran performance y ductilidad y, por último, un calibre para caza de animales más pesados, en zona boscosa, con el .358 Winchester. Todos estos calibres podían ser disparados desde carabinas cortas y muy manuales.

Aunque no existían muchos calibres para disparar puntas de 0,358 pulgadas en el mercado norteamericano, los pocos que habían eran sumamente populares. En 1906 Remington había presentado su .35 Remington, calibre que se convirtió un verdadero clásico entre los cazadores del Este de los Estados Unidos. Unos años después se creaba otro clásico, el .35 Whelen, wildcat que se convertiría en un referente entre los pesados. Calibre considerado como la alternativa americana al clásico .375 H & H Mag. a pesar de su menor potencia. Con el .358 Win. esta firma esperaba llenar ese hueco en el mercado. Inicialmente se lo ofreció en el famoso fusil Modelo 70, a cerrojo, y el raro Winchester Modelo 88, este último un fusil a palanca con cargador desmontable, tipo petaca. Por sus características, el .358 se adaptaba muy bien al famoso Savage 99, conjunto que fue también bastante popular.

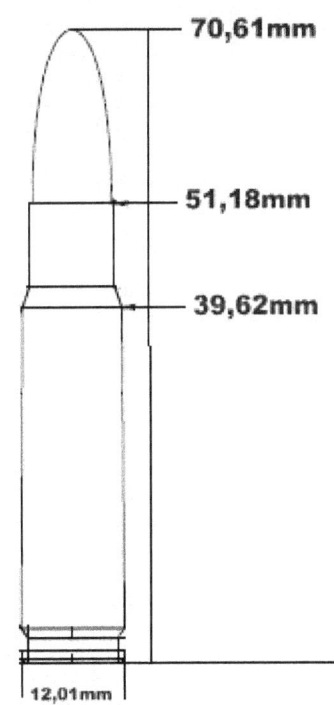

La balística del .358 Winchester no parece espectacular si la comparamos con muchos calibres que hoy hay en el mercado. Sin embargo, es un calibre que ha demostrado ser muy eficiente para tiros a mediano alcance y su mayor limitación, es su pobre trayectoria para tiros más allá de los 150 metros. Está bien adaptado a la munición spitzer pero, debido al pequeño tamaño del cargador de los rifles que lo disparan, el uso de puntas muy pesadas resulta sumamente complicado. Las cargas ofrecidas en la munición comercial utiliza puntas de 200 grains y puntas de 250 grains Silvertip con una velocidad en la boca de 2,490 pies/seg. y 2,250 pies/seg. respectivamente.

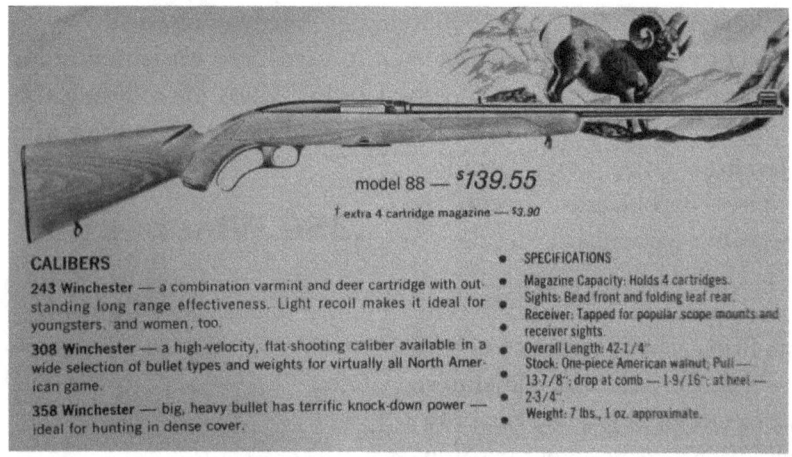

7mm-08 Remington (1980)

Este fue el primero de los calibres desarrollados por Remington, en base al .308 Winchester y el tercer calibre de Remington en utilizar puntas de 7mm. La idea era aprovechar la vaina del .308 Win. para crear un 7mm que cupiera en las carabinas de acción corta.

Los calibres 7mm fueron una verdadera obsesión en los EE.UU., desde la dura experiencia sufrida por las tropas norteamericanas en la guerra contra España, en Cuba. El mismo 7x57mm Mauser que tuvo a mal traer a las tropas norteamericanas en dicha contienda, supo tener gran popularidad en los EE.UU., tanto que Remington y Winchester ofrecían rifles en este calibre desde principios del Siglo XX. Sin embargo, no hubo calibres comerciales 7mm desarrollados en los EE.UU. hasta 1957, cuando Remington introduce su .280 Remington que vimos junto con la familia del .30-06. Unos años después, en 1962, lanza el famoso 7mm Rem. Mag. (que veremos más adelante) y, finalmente, en 1980 completa un trío de calibres 7mm con el 7mm-08 Remington. Esto completaba un trio con tres niveles de performance, la del 7mm Remington Magnum, bastante potente, el .280 Remington, de potencia intermedia y el 7mm-08 de menor tamaño y potencia. Cabe aclarar que en 2001, Remington agregó otro escalón a la lista con el 7mm Remington Ultra Magnum, bastante más potente que su otro 7mm Magnum.

Como siempre, la idea no era nueva, existían varios Wildcats 7mm sobre vaina de .308 Winchester, como el 7mm/308 Dunham, entre otros. Remington lo lanzó en su clásico y famoso Modelo 700 y en el más discutido Modelo 788, un rifle de bajo precio que no tuvo la aceptación esperada. A nuestro país llegaron, por esos años, muchas carabinas calibre .308 Win. de ese modelo. El 7mm-08 Rem. prometía una nueva opción para los fanáticos del calibre 7mm y muchos lo apreciaron así.

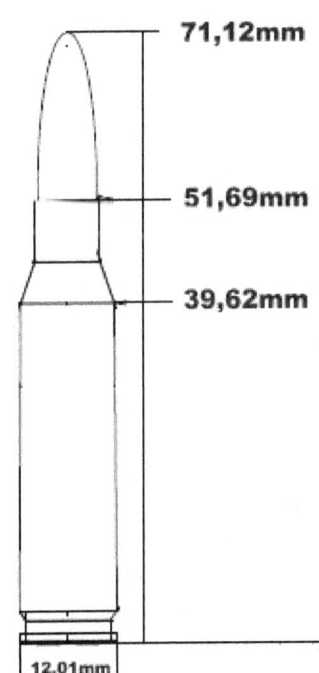

7mm-08 Remington

71,12mm

51,69mm

39,62mm

12,01mm

Por años el público norteamericano había apreciado las virtudes de las puntas 7mm, que ofrecían una excelente densidad seccional y un muy buen coeficiente balístico. Desde el punto de vista balístico, el 7-08 no ofrece nada nuevo ya que es en verdad virtualmente idéntico al probado y exitoso 7x57mm Mauser, uno de los mejores calibres de caza nunca creado. Esto, lejos de ser un defecto es una gran virtud ya que poco puede discutirse de la balística del viejo 7x57mm Mauser. Es por ello que poco puede agregarse sobre las cualidades del 7-08 Rem. como calibre de caza. Aunque tiene un problema respecto del 7x57mm y es que por lo pequeño del cargador de los rifles de este calibre, no siempre es fácil utilizar puntas de 175 grains. De hecho, Remington solo ofrece su munición con puntas de 120 y 140 grains a 3000 y 2860 pies/seg. respectivamente.

El famoso tirador norteamericano David Tubbs, luego de utilizar el .30-06 y el .308 Winchester, adoptó el 7-08 Rem. por un tiempo con lo que mejoró sus puntajes, según declaraba, gracias a la precisión y bajo culatazo del calibre. Luego de unas pruebas del .243 Win., volvió a utilizarlo por un tiempo hasta que pasó a tirar con varios calibres de 6,5mm, el primero de los cuales fue el .260 Rem. del que nos ocuparemos a continuación.

.260 Remington (1997)

El último de los hijos oficiales del .308 fue introducido por Remington en el año 1997. Este calibre como el anterior tampoco es un diseño nuevo, sino que también deriva de un viejo Wildcat el .263 Express que el famoso escritor norteamericano Ken Waters había desarrollado en 1956. Waters buscaba un nuevo calibre para tiro a más de 300 yardas (275 m). En lo referente al calibre mismo, se decidió por el clásico 6,5mm considerando que son mejores balísticamente que el .270 y el 7mm, gracias a su mayor densidad seccional y coeficiente balístico. Cuando Waters comenzó a elegir la vaina para su calibre, analizó distintas opciones, la del .270 y .30-06 no podían utilizarse en las acciones cortas que él prefería; la vaina del .250 Savage era demasiado pequeña, luego de descartar otras opciones se decidió por las del .308 Win..

Muchos otros wildcats fueron desarrollados a lo largo de los años utilizando puntas de 6,5mm como el 6,5 Spence Special, el 6,5-06 y el 6,5 Panther que también utilizaba la vaina del .308 Win. Estos wildcats lograron popularidad en los círculos de tiradores norteamericanos. También ganaron fama en las competencias de Siluetas Metálica, incluso llegó a ser el segundo calibre más popular en la categoría rifle de caza de las competencias de Silueta Metálica. Aparentemente Remington tomo debida cuenta de estos hechos. Esta idea fue capitalizada en primer lugar por la firma norteamericana A-Square que ofrecía un calibre propio, el 6.5-08 A-Square. Esta firma, se especializa en armas y calibres especiales para caza y ofrecía dentro de su línea este calibre.

El .260 Remington en realidad no fue el primer calibre de esta firma utilizando puntas de 6,5mm. En

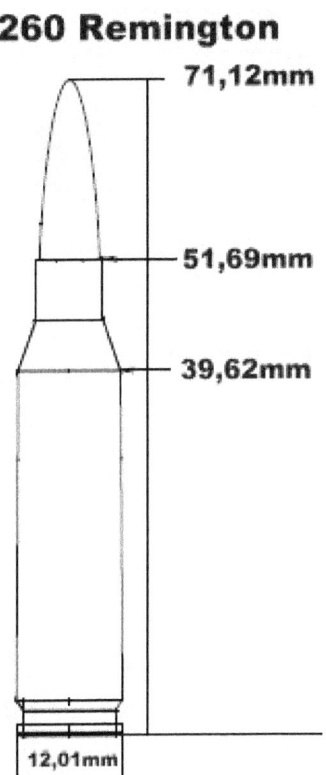

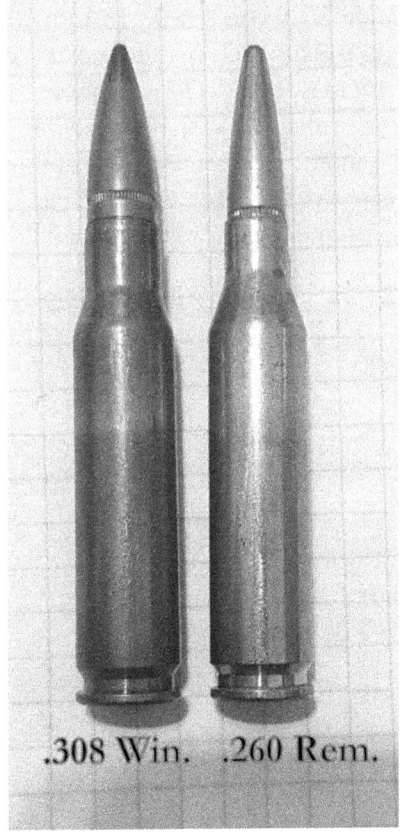

1966 había lanzado su 6,5 Rem. Mag., un magnum corto adaptado a la carabina M600 que tuvo poco éxito. En realidad la idea de un 6,5mm con vaina pequeña, ya ha sido probado durante más de 100 años. El .260 Remington es básicamente un 6,5x51 mm en la nomenclatura europea y no difiere mucho de los ya clásicos 6,5 x 54mm Mauser y 6,5x55mm Mannlicher-Schoenauer, tanto en tamaño como en diseño y balística. Esto tampoco aquí es una crítica, sino un reconocimiento a la genial idea de rejuvenecer estos calibres que tan buen resultado dieron en los campos de caza del mundo.

Si queremos hablar de las virtudes de estos 6,5mm, podríamos citar a uno de sus usuarios, el famoso cazador africano, de origen escocés "Karamajo" Bell. Se dice que mató trescientos elefantes con su pequeña carabina Mannlicher 6,5mm, utilizando puntas encamisadas (FMJ) de 154 grains.). Con esto no pretendo decir que el 6,5mm sea el calibre ideal para este tipo de caza, el comentario es solo a modo de referencia del respeto que estos viejos calibres supieron ganarse.

Como calibre de tiro podemos comentar que el nombrado David Tubbs ganó varios campeonatos con el .260 Remington en Camp Perry y tenía el record con un puntaje de 2389 con 138 X. El campeonato de 2010 fue ganado por la sargento del ejército norteamericano Sherri Gallagher, quien además estableció un nuevo puntaje record con 2.396 puntos y 161X, superando así el record de Tubbs. Como referencia el máximo puntaje posible es 2400 con 240X, esto significa que solo cuatro disparos no dieron en el círculo de los 10 puntos. Ella utilizó para lograr semejante resultado un rifle especial de tiro calibre .260 Rem.

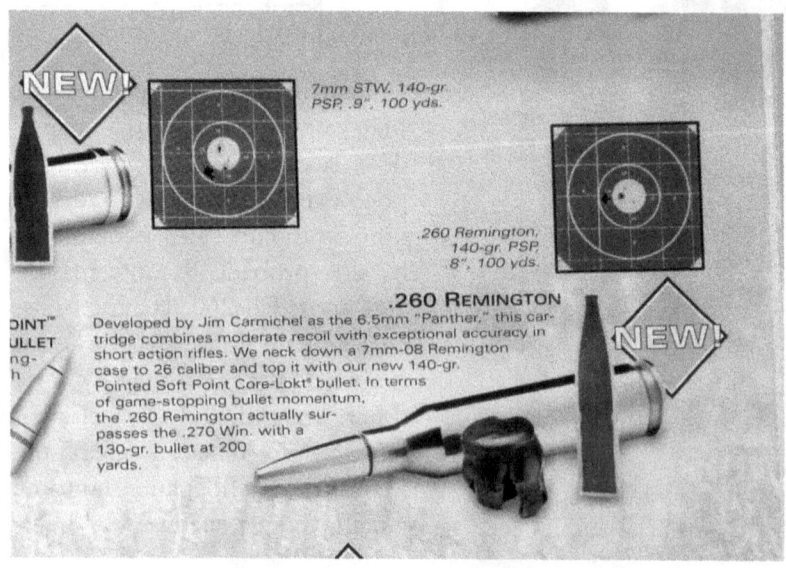

El .260 Remington, como todos los derivados del .308 Win., se adapta a las acciones cortas como la del Modelo 7 y 700. Una de las pretensiones de Remington era desplazar al .270 Winchester de su trono bien ganado durante sus 65 años de vida. Sin embargo, el .260 no llega a cubrir las expectativas completamente quedándose un poco corto, cosa que está a la vista al comparar ambos cartuchos. Por el otro lado, si comparamos al .260 Rem. con el 6,5x55 mm, encontramos que el .260 tiene prestaciones similares a la munición moderna de este calibre y supera a las cargas más livianas destinadas a armas antiguas. Remington ofrece puntas de 120 y 140 con una velocidad en la boca de 2890 y 2750 pies/seg. respectivamente

Los hijos no reconocidos

El gran éxito del .308 Winchester también inspiró a la creación de algunos calibres que podríamos llamar "hijos no reconocidos", por utilizar vainas similares pero no iguales.

En el año 1982, Winchester introdujo dos nuevos calibres en su línea, el .307 Winchester y el .356 Winchester, ambos ofrecidos para ser disparados en una nueva versión del clásico Winchester Modelo 94 conocida como "Angle Eject", un rifle a palanca, adaptado para el uso de miras telescópica, algo que venían pidiendo los cazadores desde hacía decenas de años. El Modelo 94 original poseía un sistema de extracción de la vaina vertical. De esta manera, si colocamos una mira óptica convencional, encima del cajón de mecanismos, la vaina servida, al ser expulsada hacia arriba, golpea la mira y vuelve a caer dentro del mecanismo, trabándolo. Con la extracción en ángulo, la vaina es expulsada hacia un costado como en la mayoría de los rifles modernos. Este rifle era, además, un 33% más resistente a las presiones de la munición que su predecesor pero, a pesar de ello, no puede soportar las cargas completas ni del .308 Winchester ni el 358 Winchester. Por ello, estos nuevos calibres son menos potentes que sus contrapartidas originales.

Las dimensiones de estos calibres son casi idénticos a los originales y solo se diferencian por la presencia de un pequeño reborde que les permite ser utilizados en rifles a palanca, con mayor eficiencia. Representan, de alguna manera, una forma americana de armas "mellizos" para adaptarlos de diferentes tipos de armas.

Estos calibres llegaron en un mal momento y nunca tuvieron mucha aceptación, por lo que rapidamente se hicieron obsoletos. Winchester hoy ofrece munición comercial solo con una opción, punta de 180 grains para el .307 con una velocidad en la boca de 2.510 pies/seg. y punta de 200 grains para el .356 a 2460 pies/seg..

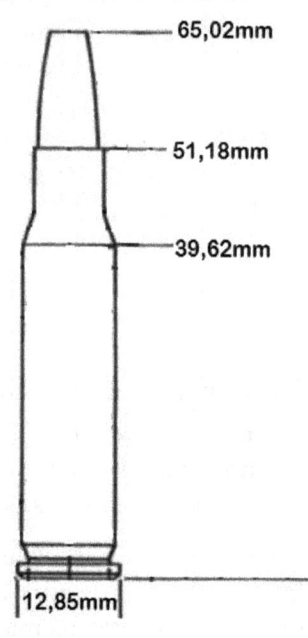

La Familia del .458 Winchester Magnum

Tuve muchas dudas de cómo llamar a esta familia, porque su integrante más famoso es el .300 Winchester Magnum. Sin embargo, el .458 Winchester Magnum fue el primero en aparecer y de este calibre derivaron los otros. La idea original de estos calibres Magnum con unas vainas más cortas era lograr que "entraran" en las acciones tipo .30-06, las más comunes en el mercado norteamericano. Por aquellos años, la década de 1950, la mayoría de los calibres Magnum utilizaban como base, la vaina de los .300 y .375 Holland & Holland Magnum era demasiado larga para trabajar en los cargadores de las acciones de los fusiles estándar. Por ello, para utilizarlos, se necesitaban acciones especiales, más largas y costosas. Estos calibres, derivados del .458 Winchester Magnum, tienen en común el largo de vaina, que permite utilizarlos en cargadores adaptados al .30-06, calibre emblemático de los EE.UU., de esta manera podían utilizarse en la mayoría de las acciones comerciales y militares sin grandes dificultades ni costos. Cabe aclarar que, como estos calibres derivan de la vaina cilíndrica del

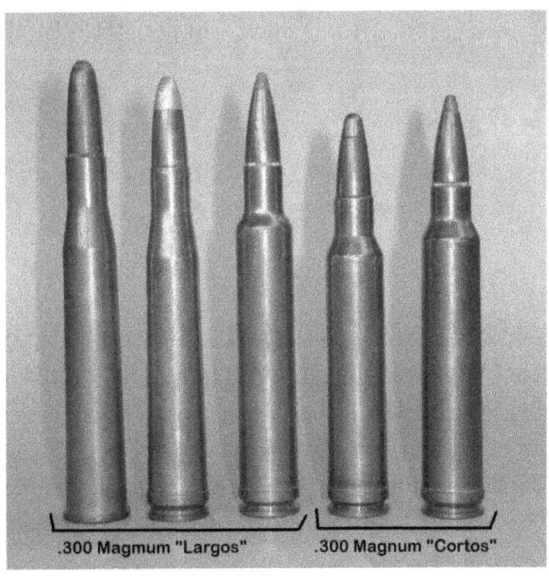

.300 Magnum "Largos"   .300 Magnum "Cortos"

.458 Win. Mag. que no tiene hombro, no todos presentan el hombro a la misma altura.

Por último, podemos denominar a los integrantes de esta familia como los "Magnum Medios", que son más cortos que los "Magnum Largos (.300 y .357 H&H Mag. o el .300 y .340 Weath. Mag.) y más largos que los "Magnum Cortos" (.300 WSM) y los más raros "Magnum Cortos Cortos" (.300 WSSM).

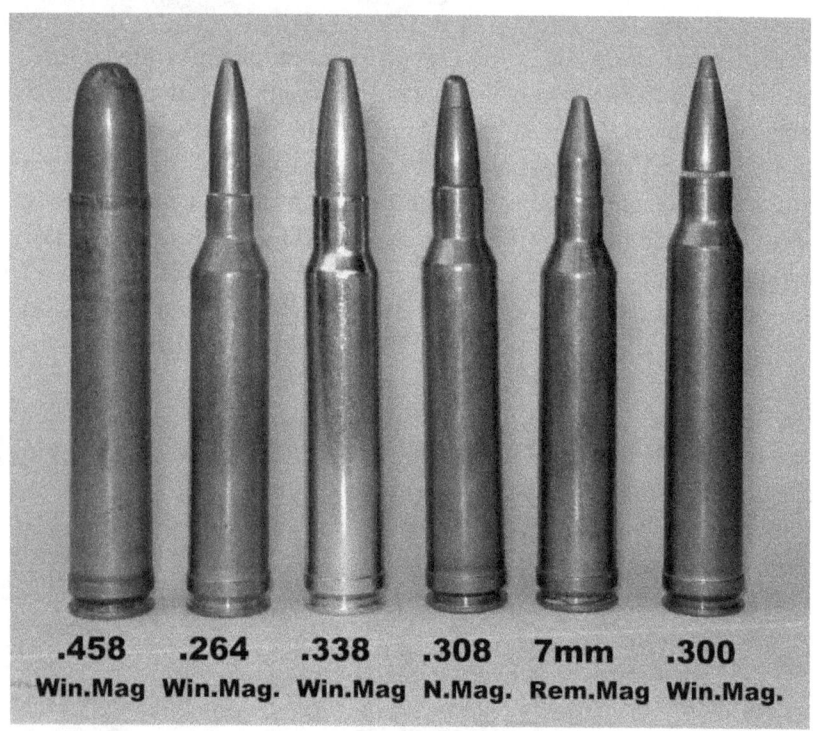

.458 Winchester Magnum (1956)

En 1956 lanza su primer Magnum, el .458 Winchester Magnum con la idea de reemplazar a los caros calibres pesados utilizados en África con un arma y calibre más económico. Los famosos calibres africanos británicos, como el .416 Rigby, :450 Nitro Express, los .470 y .475 Nitro Express, entre otros, eran excelentes, pero los rifles que los disparaban eran sumamente costosos. La intención de Winchester no fue ambiciosa, solo quería reproducir las prestaciones de los viejos calibres Nitro Express, pero en rifles a cerrojo de menor precio y, de esta manera, competir en el sector de los calibres Africanos. Por ello, Winchester ofrece un rifle calibre .458 Winchester Mag. que se llamó Modelo African.

Historias de Calibres 2

Aunque en un inicio fue un poco resistido, finalmente, además de los cazadores norteamericanos, muchos guías profesionales comenzaron a utilizarlo con excelentes resultados. Sin embargo, el mayor impulso vino desde el Reino Unido, cuando la famosa firma Kynoch que fabricaba munición para casi todos los calibres británicos, decidió descontinuar la fabricación de munición para los calibre Nitro Express. Esto transformó a los confiables rifles dobles de grueso calibre en dudosas herramientas, inseguros a la hora de tratar de detener el ataque de uno de los "cinco grandes" (elefante, rinoceronte, búfalo, león o leopardo). Sin munición confiable, un doble Nitro Express, no era un seguro de vida como antes. Los cazadores profesionales, seguían utilizándolos, siempre esperando escuchar un "click" en el momento más inoportuno. Así, el .458 Win. Mag. se convirtió en el nuevo seguro de vida de los cazadores profesionales de África.

Desde el punto de vista balístico, el .458 Winchester Magnum no presenta ninguna novedad. Utiliza proyectiles de 500 o 510 grains con una velocidad en la boca de 2.100 pies/ segundo, como la mayoría de los calibres Nitro Express. Sin embargo, por eso mismo logró gran fama en el campo de los calibres pesados y la caza africana.

Una detalle clave para entender el porqué del .458 Win. Mag. es la utilización del "belt" o cinturón. Al montar una punta de .458 pulgadas en una vaina sin reborde se presenta el problema de dónde establecer el espacio de cabeza. Es decir, donde poner el tope para que el cartucho

.458 Winchester Mag.

84,84mm

63,50mm

13,51mm

quede retenido en la recámara. La solución más simple que encontró Winchester, fue usar la vaina del .375 H&H Magnum que posee un "belt" en su base para establecer el espacio de cabeza. Si no se recurría a eso, Winchester debería haber recurrido a uno de muy pocos recursos. Una opción era recurrir a una vaina con reborde, que presenta grandes problemas de alimentación en los cargadores de fusiles a cerrojo. De haber querido utilizar el hombro para establecer el espacio de cabeza, se debería haber recurrido a alguna vaina sin reborde, pero de gran diámetro que no existía en el mercado norteamericano. Esta última opción fue utilizada más tarde en algunos calibres como el .460 Weath. Mag. o el .450 Dakota.

El .458 Winchester magnum, junto con el famosos .375 Holland & Holland Magnum, son sin duda los dos calibres más utilizados para caza pesada en África, desplazando a los clásicos calibres africanos como el .404 Jeffery, .416 Rigby, entre otros. Sin embargo, la aparición de algunos nuevos calibres gruesos a fines del Siglo XX, como los .416 Remington y Ruger, le hicieron perder un poco de supremacía, pero sin que mermara demasiado su popularidad.

.264 Winchester Magnum (1958)

Dentro de su línea de Magnums Medianos, que en su momento eran cortos, la firma Winchester saca al mercado en 1958, el .264 Winchester Magnum. Winchester buscaba un calibre de trayectoria plana, con alta retención de energía y que fuera poco susceptible a desvíos por viento en los tiros largos; todo esto junto con un retroceso moderado dentro de los calibres Magnum. Para lograr los primeros tres objetivos, debía contar con un proyectil de alto coeficiente balístico y un perfil aerodinámico (lo más largo posible para su diámetro). Como los proyectiles más largos de un determinado calibre, son también los más pesados, debió elegirse un calibre pequeño para mantener el retroceso en niveles aceptables. La elección recayó entonces en el 6,5 mm (.264 pulg.). La idea, como siempre, había sido explorada por algunos wildcatters, con el 6,5 Ackley y el Apex, aunque estos eran un poco más cortos. Como vaina base,

Winchester utilizó la del .458 Win. Mag., con una capacidad aproximada de 75 grains de pólvora, carga que era un 50% mayor al resto de los otros 6,5mm existentes. Con estas características, el .264 Winchester Magnum presenta "overbore", esto es un excesivo volumen de vaina, respecto del caño. Este "overbore" generalmente da como resultado un calibre con problemas de erosión del estriado y excesivo consumo de propelente para el resultado balístico obtenido.

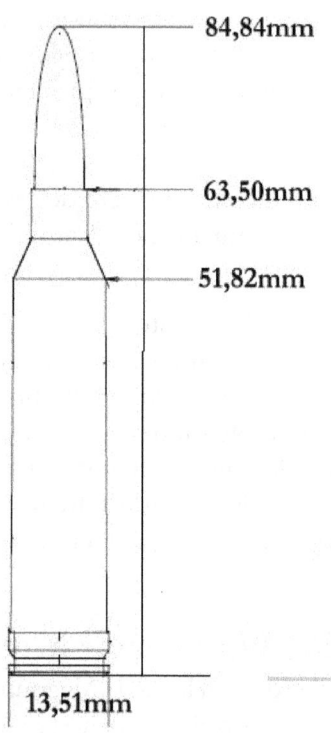

Sin embargo, el .264 presentaba dos problemas interrelacionados, el primero fue que no se tuvo en cuenta el ya nombrado "overbore", si bien los primeros rifles poseían caños largos de 26 pulgadas que permitían aprovechar al máximo el gran volumen de pólvora, posteriormente la mayoría de los fabricantes acortaron sus caños a las 24 pulgadas, estándar en la mayoría de los Magnum. En segundo lugar, ni aún con cañones de 26 pulgadas, el .264 puede alcanzar las velocidades publicadas, con la munición comercial actual. Este calibre, con puntas de 100 y 140 grains, se obtiene una velocidad en la boca de 3.300 y 3.000 pies/seg., respectivamente, pero esta balística puede ser duplicada facilmente con el .270 Win., con menor retroceso y el 60% del peso de pólvora. Las velocidades publicadas originalmente eran de 3.700 pies/seg. (100 grains) y 3.200 pies/seg. (140 grains). A pesar de esto, con una recarga cuidadosa y en rifles con cañones de 26 pulgadas, se pueden alcanzar velocidades similares a las publicadas originalmente. Eventualmente, el .264 Win. Mag., fue reemplazado por otros dos grandes, que no tienen nada que envidiarle, el ya nombrado .270 Winchester y el 7mm Rem. Mag., que puede utilizar puntas más pesadas.

Otro problema del .264 Winchester Magnum, fue que se empezó a correr el rumor de que los caños del .264 se gastaban en unos pocos tiros, sobre todo en secuencias largas de tiros. Aparentemente los materiales usados para caños en al década de 1950 y 1960 eran mucho más susceptibles a la erosión.

Hubo pocos modelos recamarados para el .264 Win. Mag., más allá de los ofrecidos por Winchester, unos pocos Weatherby Vanguard y algunos fabricantes europeos. De todas maneras, se siguió fabricando munición por muchos años y, aunque hoy es prácticamente obsoleto, solo Nosler, Hornady, Remington siguen ofreciendo su munición.

.338 Winchester Magnum (1958)

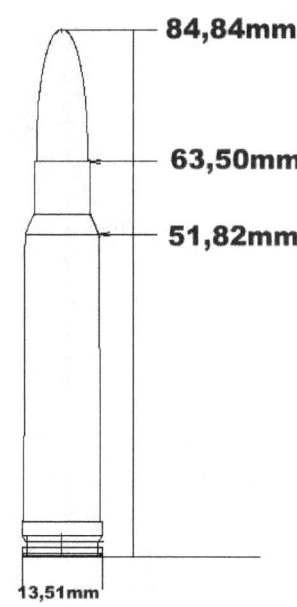

Dos años después, Winchester desarrolla y lanza otro gran clásico de los Magnum, su .338 Winchester Magnum, también utilizando la vaina del .458 pero reduciendo su cuello para recibir puntas de 0,338 pulgadas, manteniendo el mismo ángulo de hombro utilizado en el .264 W.M.. La intención era ofrecer un calibre con prestaciones similares al .375 H & H Magnum, pero que pudiera dispararse desde mecanismos convencionales. El .375 H&H Mag. necesita un almacén de más de 3,6 pulgadas (91,44 mm) de largo, mientras que en .338 Win. Mag., cabe en uno de 3,34 pulgadas (84,84mm) de largo. Por mínima que parezca esta diferencia, es mucho más fácil adaptar estos mecanismos tradicionales al .338 Winchester Magnum, que al calibre de Holland.

El origen de este calibre debemos rastrearlo en algunos de los más renombrados calibres ingleses, hoy obsoletos, como el .318 Westley Richards y el .333 Jeffery, diseñados para la fauna africana de piel blanda. Estos lograron gran popularidad a principios del Siglo XX, pero estos calibres estaban disponibles solo en armas inglesas y de muy alto costo. Como comentamos al tratar el .338-06, en los años 1930, Elmer Keith, famoso cazador y escritor norteamericano junto con Charles O'Neil y Don Hopkins desarrollaron dos calibres "wildcats" utilizando puntas 0,333 pulg. de los calibre ingleses. Para ello, utilizaron en un caso la vaina del .30-06 Spr. y en el otro la del .375 H&H Mag. acortada; nacieron así el .333 O.K.H. y el .334 O.K.H. respectivamente. Se publicaron gran cantidad de artículos en las revistas donde Keith colaboraba, logrando así una buena publicidad.

Winchester eligió proyectiles de .338 pulgadas, ya tenía un calibre que utilizaba estas puntas, el raro .33 Winchester, que disparaba su rifle a palanca modelo 1886, introducido en 1902 y descontinuado en la década de 1930.

Cuando Winchester decide tomar como base la vaina del .458 Win. Mag. la capacidad interna quedó un poco reducida. Este "error" fue subsanado al desarrollar el .300 Win. Mag dos años después, alargando la vaina de 2,50 a 2,62 pulgadas; con lo que aumentó el volumen interno.

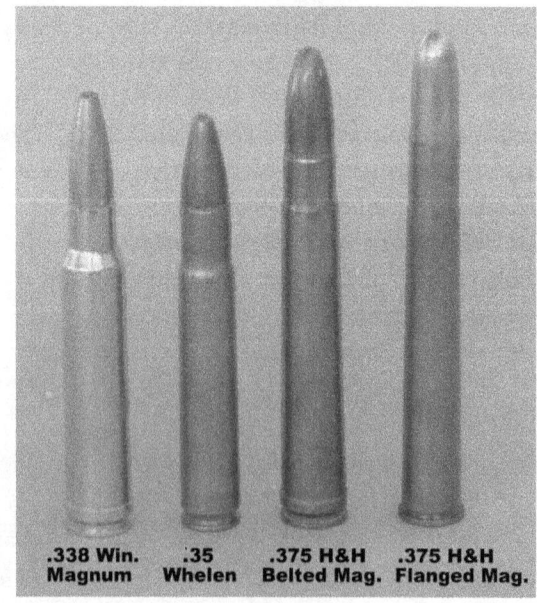

.338 Win. Magnum .35 Whelen .375 H&H Belted Mag. .375 H&H Flanged Mag.

La versatilidad del .338 Win. Mag. es excelente ya que con puntas de 175 grains puede usarse con la fauna más liviana, dejando las puntas de 200 a 230 grains para caza mayor general. Dependiendo del tipo de punta utilizada, en el rango 200-230 Grains, puede enfrentarse toda la fauna mundial, incluyendo los grandes africanos con alguna reserva. Las puntas FailSafe de Winchester, las Trophy Bonded y las Nosler Partition, son la mejor elección para el búfalo. Las puntas de 250 grains son las más pesadas que ofrecen los grandes fabricantes aunque, hay también de 275GN y 300GN. El retroceso de estas puntas es mayor que las comentadas más arriba. El .338 Winchester Magnum ofrece un cartucho de caza más potente que los .300 Magnum, sin el enorme retroceso .458 Winchester Magnum.

.308 Norma Magnum (1959)

Pero no todos los Magnum nacieron en los EE.UU., la firma sueca Norma Projektil-fabrik A/S desarrolló, en 1959, dos calibres especialmente para el mercado norteamericano, el .308 y el .358 Norma Magnum. El primero de ellos alcanzó cierta popularidad el mercado norteamericano, pero el otro nunca logró posicionarse. El .308 Norma Magnum deriva basicamente del .30/338 (wildcat), esto es la vaina del .338 Winchester Magnum con el cuello reducido para montar puntas de .308 pulgadas, adelantándose así, por unos años, al inminente .300 Win. Magnum.

Originalmente Norma solo ofrecía vainas y Shultz & Larson fabricaba los rifles para este calibre. Luego, Norma comenzó a ofrecer munición con puntas de 180 grains y una velocidad en la

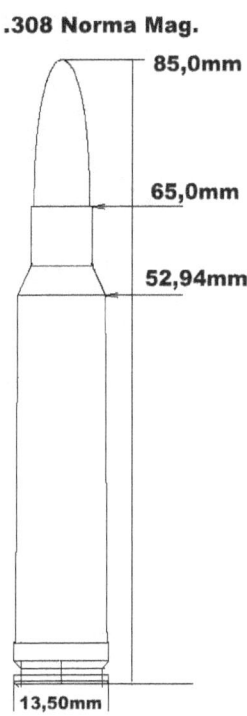

boca de 3.100 pies/seg. (caño de 26"). Su popularidad duró hasta que Winchester lanzó al mercado su .300 Winchester Magnum, con varios modelos disponibles y mayor variedad de munición. Las prestaciones del .308 Norma Magnum son intermedias entre el .300 Winchester Magnum y el .300 Weatherby Magnum.

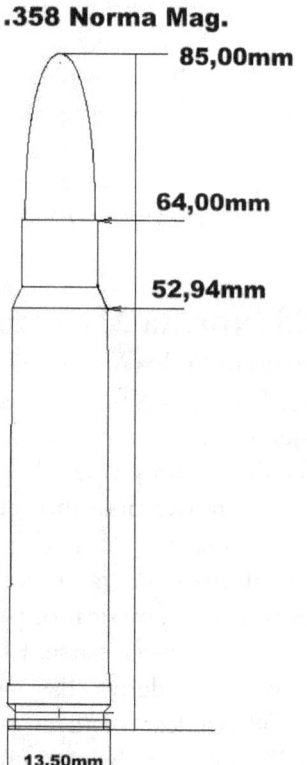

.358 Norma Magnum (1959)

Como comentamos, el .358 Norma Magnum también fue introducido en 1959 y tuvo aún menos popularidad que el .308 Norma Magnum. Este fue el primer cartucho comercial calibre .35 disponible en el mercado norteamericano desde la aparición del olvidado .35 Newton a fines de la década de 1920. Parecía ser una buena opción para la caza de animales pesados como los osos en Norteamérica, pero fue opacado por el .35 Whelen que, aunque todavía era un wildcat, seguía vigente y el nunca olvidado .375 Holland & Holland Magnum, el rey de los calibres medios.

7mm Remington Magnum (1962)

Pero Remington no se podía quedar atrás y, allá por 1962, lanza, en forma conjunta, un nuevo rifle y un nuevo calibre. El primero era un fusil a cerrojo de movimientos combinados moderno, denominado Modelo 700. Este nuevo rifle, de diseño mucho más "moderno" venía a reemplazar al viejo Modelo 725 que se fabricaba desde

1958. Junto con este fusil, introduce el 7mm Remington Magnum. La firma esperaba que el lanzamiento conjunto potenciara las ventas. Tal fue su éxito, que tanto el modelo 700 y el 7mm Remington Magnum se convirtieron en muy poco tiempo en dos clásicos, que hoy siguen manteniendo vigencia.

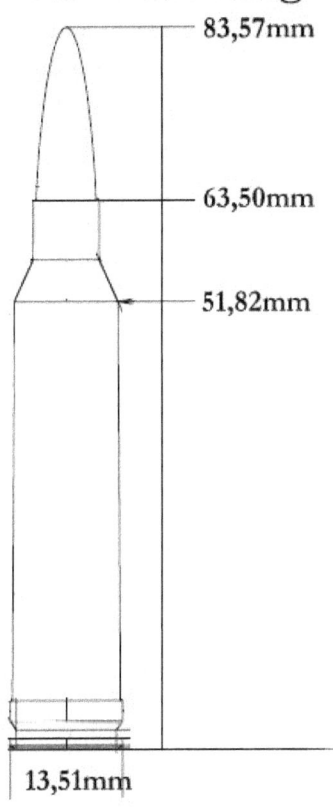

En realidad, el 7mm Remington Magnum no fue el primer 7mm de Remington. En 1957, había lanzado al mercado norteamericano su 7mm Rem. Express, basado en la probada vaina del 30-06 Springfield. Ante la falta inicial de aceptación de un 7mm, se le cambió rapidamente el nombre por el de .280 Remington, buscando "desengancharse" de la mala suerte asignada a los calibres milimétricos en los EE.UU. (comentada en otros capítulos). De todas maneras, a pesar de la poca aceptación de su nuevo .280, Remington no podía obviar la fama y el éxito mundial de otros dos excelentes calibres 7mm alemanes, el 7x57mm Mauser y el 7x64mm Brenneke, que se constituyeron en dos de los mejores y más populares calibres para caza mayor en Europa Continental.

Remington decide probar nuevamente unos años después e introducir su propio Magnum, con la esperanza de aprovechar la locura por los Magnum que reinaba en los EE.UU. por esos años y obtuvo el resultado esperado. Tanto es así que durante todo ese tiempo (y aún hoy), cada nuevo rifle introducido al mercado norteamericano, era ofrecido en su versión Magnum tanto en calibre .300 Winchester Magnum y 7mm Remington Magnum, casi sin excepción.

Según se cuenta, su diseño original fue obra del famoso cazador, escritor y guía de caza en Wyoming, Les Bowman. Durante los años en que trabajó como guía de caza, Bowman vio como gran cantidad de cazadores fallaban tiros fáciles, debido al miedo que les producía el retroceso de los calibres Magnum. Si bien existía un calibre de menor retroceso, el 7mm Weatherby Magnum, que parecía perfecto para evitar este problema, este tenía un problema. Debido al paso de estrías de sus caños, este calibre no funcionaba bien con las puntas pesadas necesarias para la fauna de Wyoming, porque no las estabilizaba correctamente. Según sigue la historia, Remington le había enviado a Bowman un par de rifles Remington en calibre .280 (comentado hace un momento y, aprovechando esto, Bowman envió uno de estos rifles a un armero amigo con la idea de reformarlo para un nuevo wildcat, hecho con la vaina del .338 Winchester Magnum, pero con el cuello reducido para aceptar puntas 7mm.

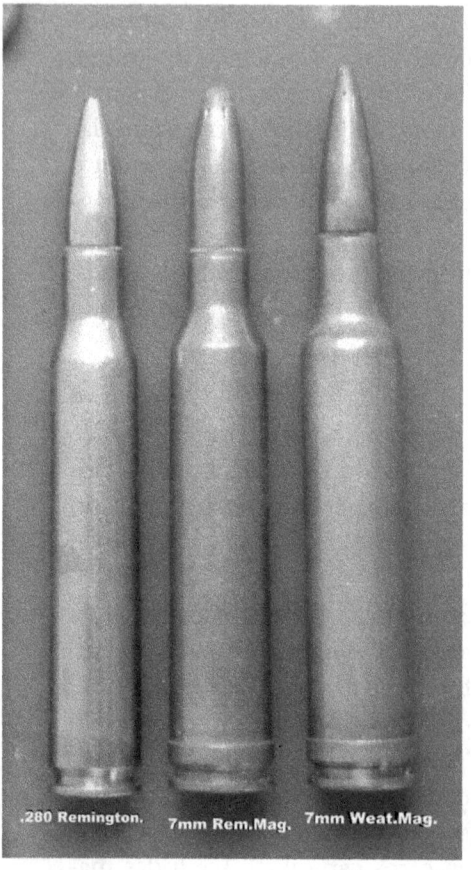

Les Bowman utilizó dicho rifle en la temporada de caza de 1958 y también se lo prestó a sus clientes. Entre estos clientes, estaban dos representantes de la Remington que cazaron ese otoño con el nuevo calibre. Tanto les gustó el calibre, que ese mismo invierno, invitaron a Bowman a la casa central de Remington Arms, en Connecticut, donde entrevistó a su presidente. El resto es historia. Este calibre, que nació como un juego intelectual, terminó siendo uno de los calibres Magnum más populares de la historia. Finalmente, como dijimos, en 1962, Remington lanza su magnum 7mm.

Para los cazadores, el 7mm Remington Magnum es un calibre con retroceso apenas mayor al del popular .30-06, pero con una trayectoria más tendida. La posibilidad de utilizar la excelente punta de 175 grains que, con su alta densidad seccional, ofrece un excelente equilibrio entre balística y penetración. Sin embargo, para muchos esto no alcanza a equiparar al .300 Winchester Magnum en performance. Incluso puede ser discutible, que el 7mm Rem. Mag. sea incluido entre los calibres "magnum", ya que su performance se ubica más cerca de los calibres medios como el .270 Win., .280 Rem., .30-06 Spr. Considerando su balística, el .300 Win. Mag., .300 Weatherby Mag. y demás Magnum, por su mayor potencia, pertenecen a otro grupo bastante diferente.

Tal vez Remington cometió un error al utilizar la vaina corta del .338, para su 7mm Magnum. Es probable que hiciera esto para asegurarse que el cartucho tuviera el largo adecuado para los rifles con acciones normales, aún con las puntas más pesadas del calibre. Esta limitación en el largo parece lógica en el caso del diseño original de Bowman que partió del .338 Winchester Magnum ya que no podía alargar la vaina. Pero Remington, podría haber aprovechado para ofrecer una mejor performance, utilizando una vaina más larga y con mayor capacidad. A pesar de todas esta críticas, el 7mm Remington

Magnum ha logrado un sitio privilegiado en el mundo de los calibres de caza y lo ha mantenido por más de medio siglo.

.300 Winchester Magnum (1963)

Es indudable que el calibre .30, 300 o .308 pulg., como lo quiera llamar, está profundamente arraigado en el mercado norteamericano. Puede verse la gran popularidad del .30-30 Winchester, el .30-06 Spr. y el .308 Winchester. Así, en cuanto Winchester presentó, en 1958, los nuevos calibres Magnum, el .264" y el .338", muchos cazadores y armeros empezaron a desarrollar sus propios wildcats con esas vainas. De ellos, el más popular fue el .30-338 Win. Mag, que no era otra cosa que la vaina del .338, con el cuello reducido para aceptar puntas de .308 pulg.

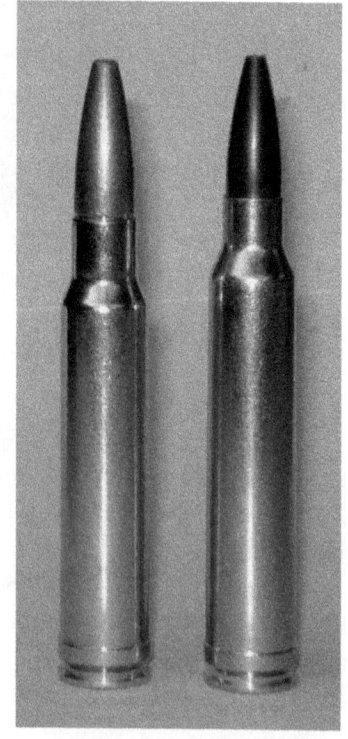

Ante esto, Winchester, en 1963, lanza al mercado el calibre que nos ocupa, llamándolo .300 Winchester Magnum. Este calibre, aunque también utiliza la vaina del .338 Win. Mag., a diferencia de los wildcats, esta es unos 3mm más larga y el hombro está desplazado 4mm hacia adelante. Esto aumenta el volumen interno de la vaina y, con ello, la carga de pólvora y su potencia. Sin embargo, el objetivo principal era evitar que la munición del .300 Win. Mag. pudiera ser utilizada, por equivocación, en rifles .338 Win. Mag.

Pero ya había otros .300 Magnum en el mercado que tenían bastante popularidad, el .300 Holland & Holland Magnum y el .300 Weatherby Magnum. El primero de ellos, desarrollado en 1912 por la firma británica Holland & Holland, era el .300 comercial más potente de su época, superando a sus competidores, como el .30-30 Win., .30-40 Krag y .30-06 Spr. en los EE.UU.; así como al .303 British y el .318 W. Richards en el Imperio Británico y sus colonias. Al parecer, su desempeño era suficiente para los cazadores de la época ya que no fue hasta la década de 1940 que aparece otro calibre .300 Magnum.

En 1944, un armero norteamericano llamado Roy Weatherby comienza a fabricar rifles Custom, es decir "a pedido", para un nuevo calibre de su inven-

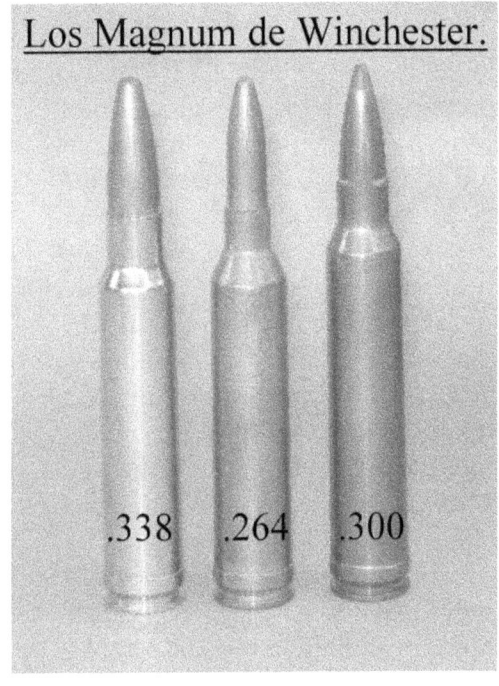

Los Magnum de Winchester.

ción, el .300 Weatherby Magnum. La idea era tan simple como genial, tomar al .300 H & H Mag. e inflar su vaina al máximo, obteniendo así un notable aumento de la capacidad interna y con ello poder introducir más pólvora, aumentando así su potencia. De hecho las primeras cargas eran tan potentes, adaptadas a los rifles fabricados por Weatherby en su pequeño taller, que tuvieron que ser reducidas a niveles menos peligrosos al poco tiempo. Esto permitió un salto considerable en potencia ya que el .300 H & H Magnum era apenas más potente que el .30-06, mientras que el .300 Weatherby llegaba a los 3.000 pies/seg.

Pero ambos calibres Magnum, el de Holland & Holland y el de Weatherby tenían un punto en contra para el mercado norteamericano, eran demasiado largos para poder trabajar desde los cargadores de los fusiles comerciales estándar y obligaban a utilizar fusiles especiales, con acciones largas. En esto, el .300 Win. Mag. ganaba porque podía dispararse sin mayores problemas desde cualquier rifle con cargador para .30-06 Spr

Los primeros rifles calibre .300 Win. Mag. salieron prematuramente de fábrica en la primera mitad del año 1963, pero rapidamente fueron recuperados con el objeto de realizar pruebas más exhaustivas. Finalmente, para el verano (del hemisferio norte) los prototipos estuvieron listos. La primera munición desarrollada también presentaba algunos problemas de sobreexpansión, ya que las puntas eran demasiado blandas para las mayores velocidades desarrolladas por el .300 Win. Mag. respecto de los otros calibres .300/.308. Problema que fue rapidamente corregido rediseñando las puntas. Hay un detalle muy curioso del lanzamiento del .300 Win. Mag. Leyendo revistas y catálogos de la época, pareciera que Winchester no tenía mucho entusiasmo en promocionar este nuevo calibre, una actitud muy diferente a lo que hizo con los otros tres Magnum que lo precedieron. Los catálogos no hacen ninguna mención especial al calibre más allá de incluirlo en los listados de calibres disponibles en los respectivos modelos.

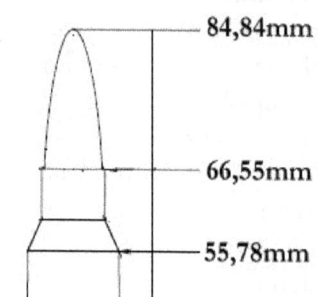

Todo estuvo tranquilo por muchos años y el .300 Win. Mag., gracias a su excelente balística y a su practicidad, se convirtió en el Rey de los calibres Magnum. Esto fue hasta que los cazadores de ciervos encontraron que los tiros en los campos de siembra comenzaban a presentarse a distancias cada vez mayores y surge la necesidad de armas con mayor alcance y trayectorias más tendidas. Reaparecen así algunos viejos calibres wildcat como el .30-378 Weatherby Magnum y los nuevos Lazeroni, Jarret y Dakota, familias de calibres que, apartándose de la clásica vaina Magnum con belt, utilizan las del .404 Jeffery (Dakota) u otras vainas especialmente fabricadas a ese efecto. Remington, a su vez, lanzó también su versión del .300 de alta velocidad el .300 R.U.M. (Remington Ultra Magnum).

Sobre fines del Siglo XX aparecen nuevos competidores del .300 Win. Mag. Esta vez, se buscaba lograr sus prestaciones, pero en acciones más cortas y es Winchester mismo quien lo lanza. El .300 Winchester Short Magnum, propone tener un calibre con las prestaciones del viejo .300 Win. Mag., pero que se puede disparar desde rifles con acciones cortas, del tipo utilizado para el .308 Winchester. Finalmente, su clásica competidora, Remington, lanza una versión corta de su .300 R.U.M., denominada .300 RSAUM, Remington Short Action Ultra Mag. con prestaciones apenas inferiores al .300 W.S.M. y al ya clásico .300 Win. Mag. Sin embargo, aunque estos calibres desplazaron al .300 Winchester Magnum de la tapa de las revistas especializadas por años, nunca hicieron mella en el nivel de ventas del calibre que se mantiene entre los primeros puestos, tanto en rifles, como munición y elementos de recarga.

A pesar de haber sido desarrollado como calibre deportivo, el .300 Winchester Magnum reemplazó en muchos casos al 7,62x51mm/ .308 Winchester como calibre elegido por los tiradores de elite en todo el mundo. Los francotiradores de los EE.UU. lo han adoptado masivamente y muchos de los clásicos fusiles M24, calibre 7,62x51mm, fueron recamarados para el .300 Winchester Magnum. Para estos rifles se utiliza una munición especial conocida como MK248 que es fabricada por la firma norteamericana Federal y utiliza puntas Sierra de 190 y 220 grains cola de bote.

Balísticamente, el .300 Winchester Magnum ofrece un salto importante en las prestaciones de los calibres de caza mayor. Sobre todo en su trayectoria, que permite alargar notablemente el alcance efectivo, con un aumento no tan significativo en el retroceso. Este detalle resulta de gran importancia ya que su retroceso es uno de los más manejables dentro del amplio espectro de los calibres Magnum de caza mayor. Por supuesto que el .300 Winchester Magnum no tiene la trayectoria del .30-378 ni la del .300 Remington Ultra Magnum., pero estos últimos calibres logran sus prestaciones a costa de quemar mucha más pólvora y generan un retroceso considerablemente mayor. Además se disparan desde rifles más pesados.

Gracias a su popularidad, son muy pocos los fabricantes que no ofrecen varios modelos recamarados para el .300 Winchester Magnum. Desde el clásico Winchester 70 y el Remington 700, su tradicional competidor, pasando por otros fabricantes, hasta los más clásicos europeos como Holland & Holland y CZ. Incluso Weatherby, además de su .300, ofrece para su modelo Vanguard recamarado para el .300 de su competidor Winchester. También los fabricantes europeos como Sako y Blaser ofrecen fusiles en este calibre.

La Familia Weatherby

En estos dos últimos capítulos nos vamos a apartar un poco del concepto estricto de familia que venimos desarrollando, calibres partiendo de una vaina única. En este capítulo analizaremos los calibres desarrollado por Weatherby, una familia de calibres diferentes pero con un concepto en común que veremos enseguida. En el capítulo siguiente, analizaremos algunos calibres "hermanados" para adaptarlos a armas diferentes, pero que tienen similar balística.

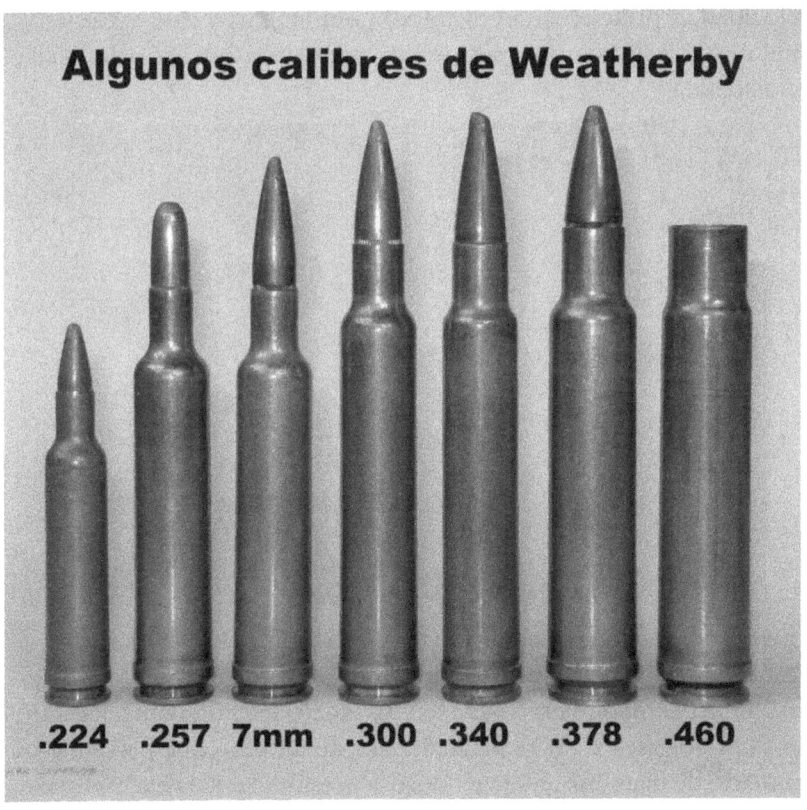

Sin duda Roy Weatherby fue uno de los más notables armeros del Siglo XX. En 1940, Weatherby inicia su carrera como armero, desarrollando sus primeros calibres, el 7mm y el .270 Weatherby Magnum, en el garaje de su casa. A estos siguieron una serie de calibres que aunque utilizan diferentes vainas, tienen algo en común: la búsqueda de las máximas velocidades, para cada calibre determinado, dando inicio a la llamada época de la alta velocidad. Roy Weatherby comienza a desarrollar calibres capaces de lanzar proyectiles a mayor velocidad que los calibres equivalentes de la época. La clave de su idea consistió en elegir vainas de calibres mayores, utilizándolas con el largo máximo, con el cuerpo expandido todo lo posible y el cuello reducido para puntas de menor calibre. Obviamente, Weatherby no fue el primero en hacerlo, ya que Charles Newton (padre del .22 HP, .250 Savage y los Newton) había desarrollado varios calibres de alta velocidad, a principios del Siglo XX. Sin embargo, fue Weatherby quien estableció los parámetros que definieron los años de la alta velocidad.

La segunda característica distintiva de los calibres Weatherby es el hombro redondeado que pretendía utilizar el "efecto Venturi" para maximizar el rendimiento balístico. El efecto Venturi ocurre cuando un flujo de gases a alta velocidad, pasa de un tubo que presenta un aumento de diámetro, reduciéndose la presión. La idea era que aprovechando este "efecto Venturi" pudiera lograrse la misma velocidad con menores presiones y/o mayores velocidades para una presión determinada. Su efectividad sigue discutiéndose hoy en día, sin pruebas definitivas. En cualquier caso en hombro redondeado es marca distintiva de los calibres Weatherby. La idea original no era de Weatherby, sino de Ralph Waldo Miller, un armero californiano que probó un wildcat basado en la vainas del 300 H&H Magnum expandidas al máximo y con hombros redondeados, el .300 Miller Freebore. Lo que derivó en toda una serie de calibres con hombro redondeado y "efecto Venturi". Roy Weatherby se interesó mucho en estos calibres y decidió utilizarlo en sus propios diseños, solo que invirtió el sentido de las curvas de cóncavo a convexo.

Antes de continuar debemos aclarar que cuando consideramos las medidas de los cartuchos en los gráficos, existen diferencias entre las medidas establecidas por la SAAMI y las establecidas por la CIP, (que son utilizadas en la mayoría de los gráficos de este libro), para los calibres Weatherby. Esto se debe a la forma de considerar la vaina con hombro Venturi. CIP, lo considera como un hombro estándar con una transición redondeada entre los segmentos, mientras que SAAMI considera todos los segmentos.

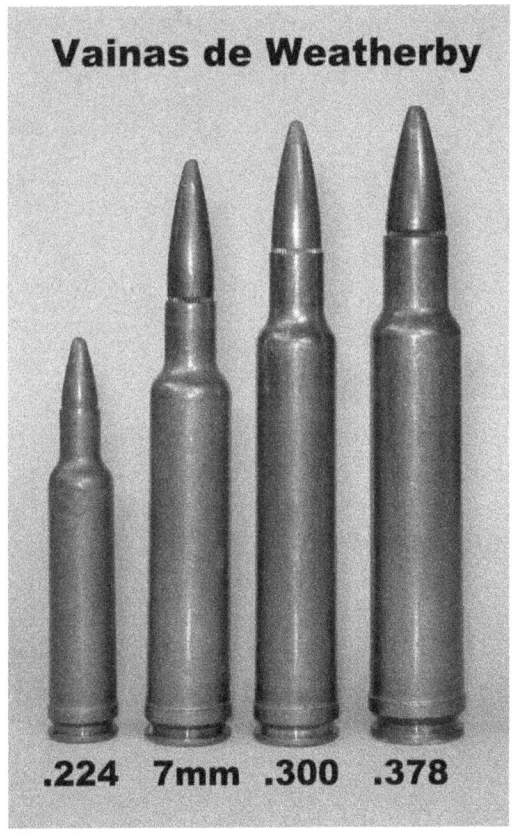

Otra idea que Weatherby tomó de Miller fue la del "Freebore", esto es un espacio inicial del caño sin estriado. De esta manera, el proyectil comienza a moverse sin resistencia, hasta encontrarse con el estriado. Esto le da dos ventajas balísticas, por un lado, aumenta el volumen efectivo de la vaina y por otro, el proyectil llega al estriado con cierta velocidad y le agrega velocidad al rifle.

Por último, Roy Weatherby aprovechó las clásicas vainas magnum, disponibles en la época, tanto en su largo completo como en el caso del .300, el .340 y el .375 Weatherby Magnum, como acortándolas para que cupieran en las acciones FN, como en el .257 y 7mm Weatherby magnum. Sin embargo no dudó en crear vainas nuevas como la enorme vaina de los .378 y .460 Weatherby Magnum, o pequeñas como la del .224 o la del .240 Weath. Mag.

En un principio, Weatherby, reformaba rifles para adaptarlos a sus calibres, utilizando principalmente fusiles belgas Mauser de FN y acciones tipo Mauser Brevex Magnum, francesas, para sus calibres más largos. Para 1957, Roy Weatherby desarrolla sus propias acciones a cerrojo, las famosas Mark V®, un mecanismo de excelente calidad, mucho más fuerte y segura que las tradicionales, que utilizaba una cabeza de cerrojo con 9 tetones de cierre. Esta acción estaba diseñada especialmente para redireccionar los gases de combustión en caso que el fulminante o la vaina fallaran, ante un accidente causado por sobrepresión, un problema no tan raro en las recargas de la época. En 1970, Weatherby lanza otra acción nueva, la

Weatherby Vanguard con los clásicos dos tetones de cierre y un precio más accesible para el cazador medio.

7mm Weatherby Magnum (1944)

El primero de los calibres desarrollados por Roy Weatherby en el año 1944. No está muy claro cual de los tres calibres presentados en 1944, fue el primero, pero algunos autores los presentan en este orden que elegimos, primero el 7mm, luego el .270 y, finalmente, el .300 Weath. Mag.

Podemos considerarlo como el principal antecedente del 7mm Rem. Mag., que aparecería recién casi 18 años después. Para crearlo, Weatherby tomó la vaina del .300 Holland & Holland Magnum, acortándola unos 7mm, para adaptarla a los cerrojos estándar (tipo .30-06 Spr.), y, al mismo tiempo, expandió la vaina todo lo posible, reduciendo el cuello para montar puntas de 7mm, con el característico hombro redondeado. La idea ya había sido probada como en el caso del 7mm Mashburn Super Magnum, entre otros wildcats.

7mm Weatherby Mag.
85,34mm
64,74mm
52,55mm
13,50mm

El 7mm Weatherby Magnum no logró popularidad inmediatamente, aunque fue bastante popular en la década de 1950, hasta la aparición del 7mm Remington Magnum en 1962. La disponibilidad de un calibre 7mm Magnum, en rifles más económicos (Remington y otros), lo llevó casi al olvido. Las diferencias balísticas entre ambos mágnum no justificaba la complicación de quedar ligado a un solo fabricante del rifle y la munición. Sin embargo, la balística del 7mm Weath. Mag. es muy buena. Así, la munición con proyectiles de 120 grains desarrollan 3.430 pies/seg. en la boca. Por otro lado, la munición de 154 grains 3.260 pies/seg. y la de 175 grains 3.070 pies/seg.

Aún hoy es un calibre de excelentes prestaciones aunque probablemente Weatherby hubiera hecho mejor en dejar la vaina del .300 H&H Magnum sin cortar, como hizo con muchos de los calibres que siguieron, y hubiera superado ampliamente al 7mm Remington Magnum, como muestra la relativa popularidad del 7mm-300 Weath. Mag..

.270 Weatherby Magnum (1944)

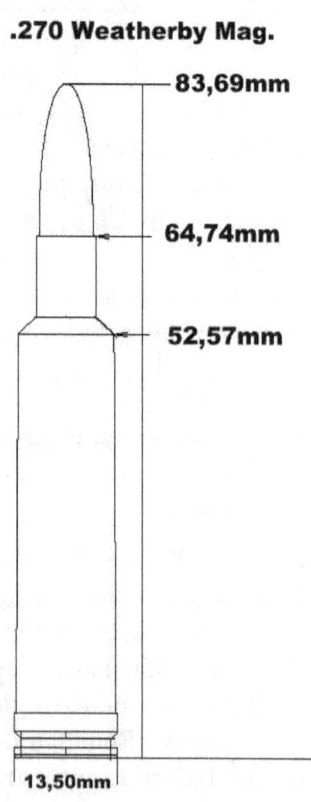

Este es otro calibre desarrollado en ese mismo año, muy similar al 7mm Weatherby Magnum, pero lanzado con el objeto de aprovechar la fama del .270 Winchester como calibre de caza mayor de trayectoria tendida. El .270 Weath. Mag. como muchos de los calibres de Weatherby, recién fue estandarizado en 1994, por la SAAMI, Small Arms and Ammunitions Manufacturers Institute (Instituto de los fabricantes de armas y municiones).

Las diferencias entre este y el 7mm Weath. Mag. son muy pequeñas y solo resulta importante la disponibilidad de proyectiles. Por un lado, el calibre .270 tiene una escasa variedad de puntas, casi exclusivamente en 130 y 150 grains. Por otro lado, en el 7mm, a estos mismos pesos se agregan puntas más pesadas de 175 grains, que permiten cazar animales un poco más pesados.

La munición del .270 Weatherby Magnum desarrolla una velocidad de 3.400 pies/seg., con puntas de 130 grains; mientras que con puntas de 150 grains, desarrolla 3.245 pies/seg.

.300 Weatherby Magnum (1944)

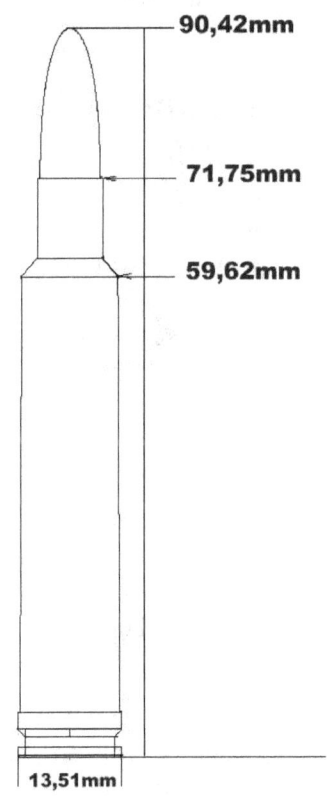

.300 Weatherby Mag.

Este es el tercero de los calibres que Roy Weatherby introduce en 1944-45 y tal vez uno de los más geniales desde el punto de vista práctico. Para hacerlo, Weatherby diseña una recámara que permite maximizar el volumen interno de la vaina y, por consiguiente, usar cargas mayores a las del .300 Holland & Holland Magnum, pero a presiones aceptables. Simplemente toma el .300 H & H Mag. e "infla" su vaina al máximo, obteniendo así un aumento de la capacidad interna de pólvora y consecuentemente de la potencia. De hecho las primeras cargas eran tan potentes, adaptadas a los rifles Custom producidos por Weatherby en su pequeño taller, que posteriormente tuvieron que reducirse a niveles menos peligrosos. La principal ventaja es que utiliza todo el largo de la vaina del .300 H&H Mag., sin cortarla como había hecho en los dos casos anteriores. La desventaja consiguiente, es que necesitaba una acción especial, más larga que las estándar, adaptadas al .30-06 y al 8x57mm.

En su momento el .300 Weatherby era el calibre .300 más potente del mundo y, ni la llegada de otros .300 Magnum como el de Winchester y el de Norma, llegaron a opacar su prestigio. Recién cuando aparecen los Ultra magnum, el .300 Weatherby Mag. pierde su trono.

El .300 Weatherby Magnum fue un calibre ampliamente utilizado alrededor del mundo para todo tipo de caza mayor, por sus excelentes prestaciones, potencia, disponibilidad y variedad de proyectiles, junto con una trayectoria sumamente tendida.

.375 Weatherby Magnum (1945)

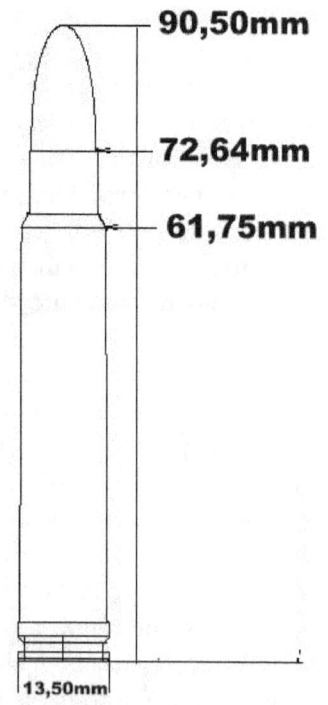

.375 Weatherby Mag.

90,50mm

72,64mm

61,75mm

13,50mm

Este es otro de los calibres de Weatherby genial por su simplicidad. Así como Holland & Holland ofrecía su .300 y .375 H&H Mag., Weatherby ofrecía el .300 y .375 Weatherby Magnum. Ambos son versiones "expandidas" o mejor dicho "improved" del correspondiente calibre de Holland & Holland, el .300 Weatherby Mag., del .300 H&H Mag. y el .375 Weath. Mag, del .375 H&H Mag.

Usando la vaina completa del .375 Holland & Holland Magnum, Weatherby la expande todo lo posible con el clásico hombro Venturi. Sus prestaciones eran excelentes, comparándolas con las del .375 H&H Mag.. De hecho, era muy simple transformar un .375 H&H en uno Weatherby, solo reformando la recámara y retocando el cargador.

Sin embargo, el salto en prestaciones no era tan notable como en el caso de los otros calibres Weatherby, respecto de los Magnum de otros fabricantes. Por esto mismo, el .375 Weatherby Magnum no tuvo tanta popularidad y terminó siendo desplazado por otro calibre del mismo Weatherby, el .378 Weath. Mag.. Este último utilizaba una vaina mucho más gruesa que las vainas Magnum clásicas. Esto le permitía tener prestaciones inalcanzables por el .375 Weatherby Magnum, a presiones normales. Finalmente, la producción de munición del .375 Weatherby Magnum cesó en 1960, pero debido a la demanda del público, fue introducido nuevamente en 2001.

.257 Weath. Mag.

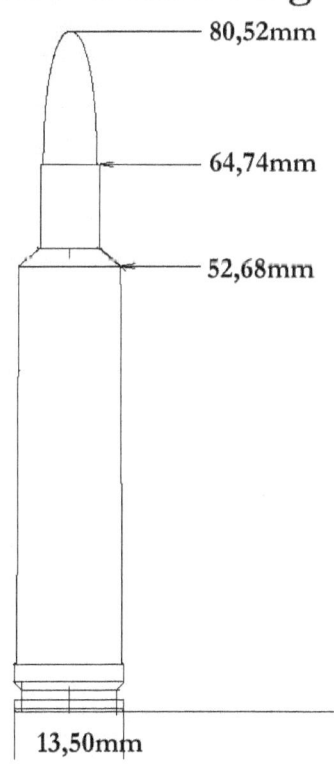

.257 Weatherby Magnum (1945)

Aunque fue diseñado originalmente en 1944, Roy Weatherby introdujo su .257 Weatherby Magnum comercialmente recién en 1945. Como en los casos del 7mm y del .270, ya vistos, Weatherby tomó la vaina del .300 H & H Mag., pero la acortó a unos 65mm, la expandió al máximo y redujo el cuello para montar puntas de 0,257 pulg., con el clásico hombro Venturi. Desde un principio y hasta 1948, Weatherby ofreció solo las vainas para la recarga de este calibre. Unos años después Weatherby contrató a la famosa firma sueca Norma Projektil-fabrik para fabricar su munición en forma exclusiva.

Como venimos viendo en este libro, en los EE.UU., los calibre .25 siempre tuvieron mucha popularidad, casi todas las familias analizadas en este libro tiene algún .25, como es el caso del .257 Roberts, el .25-35 Winchester, el .25 Remington y el .25-06. Pero faltaba un .25 Magnum y Weatherby lo creó en 1944, calibre que se convirtió en el .257 más potente en el mercado, durante años.

Como todos los calibres .257, posee gran versatilidad gracias a la gran variedad de pesos de punta disponibles. Su balística supera a la de los otros .25s; con puntas de 80 grains, la velocidad en la boca es de 3.870 pies/seg., con puntas de 100 grains, desarrolla 3.602 pies/seg.. Por otro lado, con puntas más pesadas de 115-120 grains 3.300/3.400 pies/seg.

.378 Weatherby Magnum (1953)

Como dijimos más arriba, la performance del .375 Weatherby Magnum no mostraba un incremento considerable sobre los calibres existentes o, por lo menos del gusto de Roy Weatherby, y por eso decidió crear un nuevo calibre.

El .378 Weatherby Magnum fue el primer diseño Weatherby original, que no deriva de ninguna otra vaina existente. Es una vaina Magnum (con belt), de mayor diámetro que las de los Holland & Holland Magnum, inspirada en las vainas gruesas inglesas, como la del .416 Rigby o el .404 Jeffery. Por ello, su capacidad interna era mucho mayor. Mientras el .375 Weatherby Magnum tiene una carga promedio de 75 grains de pólvora, en el .378 Weath. Mag. caben 120 grains. Por esto, la Federal tuvo que desarrollar el fulminante 215 Magnum Rifle Primer, capaz de encender semejante carga de pólvora.

Su objetivo era crear un nuevo calibre para la caza africana, para reemplazar a los pesados calibre africanos con un moderno calibre de alta velocidad. En su momento, hubo mucho debate entre los guías y cazadores en África. Hubo gran cantidad de anécdotas apoyando cada bando. El mismo Weatherby cazó un elefante con un solo tiro, demostrando su efectividad, pero varios guías fallaron en hacerlo, demostrando su dudosa efectividad en todas las circunstancias. En resumen, siguió la discusión durante mucho tiempo, hasta que se empezó a ajustar el diseño de proyectiles a las nuevas velocidades y energías. Incluso algunos cazadores lo usaron para cazar los animales más pesados de Norteamérica como el american elk, osos pardo y polar. Pero esta potencia tenía como contrapartida un considerable retroceso, bastante mayor al de los otros calibres magnum.

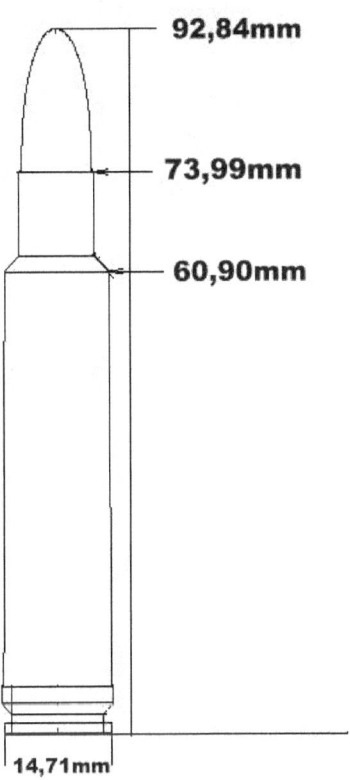

La vaina de .378 sirvió como base para gran número de calibres wildcat, muchos de los cuales terminaron siendo oficializados como calibres comerciales por Weatherby como el .30-378, el .338-378, el .416 y el .460 Weatherby Magnum.

.30-378 Weatherby Magnum (1953)

Este es un calibre desarrollado originalmente para el campo militar en 1959. El .30-378 fue diseñado por Roy Weatherby exclusivamente como calibre para francotiradores como munición antipersonal/antimaterial, bajo contrato militar. Como su nombre lo indica, consiste en la vaina del .378 Weatherby Mag. con el cuello reducido para montar puntas del calibre .308".

El Arsenal militar de Redstone buscaba un calibre que pudiera desarrollar 6.000 pies/seg. con proyectiles especiales, para que pudiera penetrar blindajes. Desde el primer desarrollo de los calibres de alta velocidad a principios del Siglo XX, se sabe que proyectiles livianos a alta velocidad tienen capacidad de atravesar blindajes livianos. El .30-378 Weatherby Magnum con pólvoras lentas, logra superar las expectativas del contrato militar.

Luego, algunos rifles empezaron a aparecer entre civiles, la mayoría hechos por el famoso armero y wildcatter P.O. Ackley, principalmente tiradores de larga distancia (1000 yardas). También algunos fabricantes Custom comenzaron a ofrecer rifles en este calibre antes que Weatherby, como Hammond rifles y H-S Precision.

Finalmente, Ed Weatherby, hijo de Roy Weatherby, lanza el .30-378 Weatherby Magnum al publico como calibre para su fusil Mark V y Norma comienza a producir la munición en base a las pruebas realizadas en 1995 por el escritor norteamericano Layne Simpson.

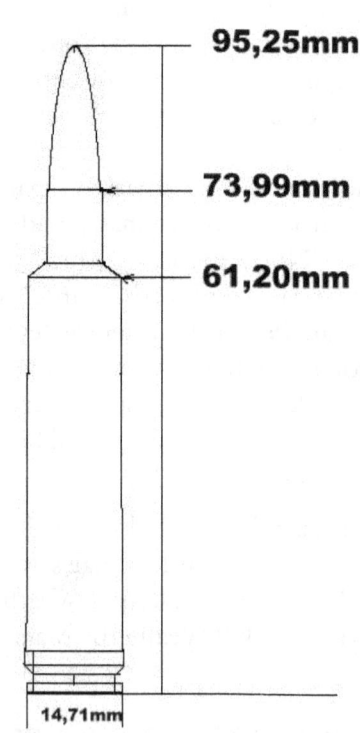

La balística actual del .30-378 Weath. Magnum dista de la buscada por las fuerzas armadas, aunque sigue siendo impresionante. Desarrolla 3.450 pies/seg. con proyectiles de 165 grains, 3.500 pies/seg., 3.420 pies/seg. con los de 180 grains y, por último 3160 pies/seg. con los de 200 grains, según la publicidad de la marca. El análisis de estos datos muestra que, debido a la cantidad de pólvora utilizada, las puntas más pesadas desarrollan una mejor balística.

.460 Weatherby Magnum (1958)

Diseñado para cazar los animales más pesados y peligrosos del mundo y, sobre todo los Cinco Grandes Africanos, este fue durante casi 30 años el calibre comercial más potente del mundo. Desplazó de ese sitial al .600 Nitro Express y ese puesto le duró hasta el año 1988, cuando Holland & Holland lanzó su enorme .700 Nitro Express.

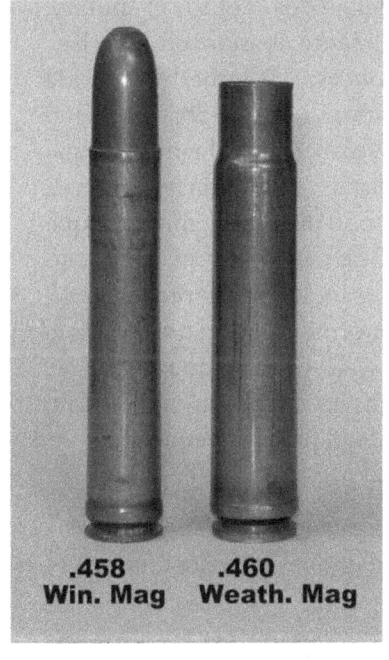

Para crearlo, Weatherby expandió el cuello de su vaina del .378 Weath. Mag., para montar pun-tas de .458 pulgadas. En el año 1953, Roy Weatherby cazó un elefante africano con un solo tiro de su, por entonces, nuevo .378 Weath. Mag., con la idea de promocionarlo. La idea de Roy Weatherby era usar su concepto de calibres de alta velocidad para caza mayor y esperaba que el .378 Weatherby Magnum fuera su "Calibre Africano". Sin embargo, los cazadores y guías africanos se resistían al cambio y sobre todo a utilizar calibres que consideraban menores y de alta velocidad, debido a la mala fama que tenían estos desde inicios del Siglo XX, cuando se intentó usar calibres pequeños (6 a 7mm) para caza mayor peligrosa.

A eso se sumaba la legislación restrictiva de la mayoría de los países africanos, que dejaba al .378, fuera de la ley. La mayoría de estos países establecían al calibre .40 como el mínimo para cazar animales peligrosos como el búfalo, elefante, y rinoceronte. Entonces, Weatherby decide lanzar en 1958, su .460 Weatherby Magnum, que dispara puntas de 500 grains a 2.550 pies/ seg., mientras que el clásico .458 Win. Mag. solo llega a los 2.100 pies/seg.. El enorme .460 Weatherby Mag. es tan grande, que hace que, en comparación, .458 Win. Mag., parezca pequeño.

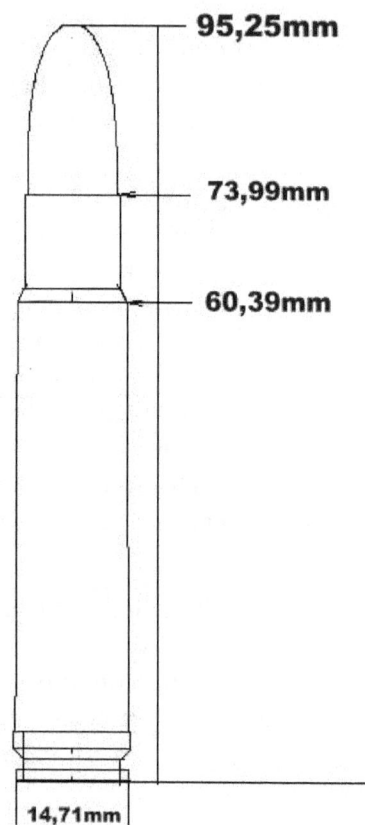

Como todos los calibres derivados del .378 Weatherby Magnum, necesita una acción especial para poder dispararlo.

.340 Weatherby Magnum (1962)

Este calibre fue la respuesta de Roy Weatherby al .338 Winchester Magnum. Utilizando las mismas puntas del calibre de Winchester y con la vaina del .300 Weatherby Magnum, adaptada para montar puntas de .338 pulgadas, logra mayores velocidades y una trayectoria considerablemente más tendida que la del .338 Win. Mag..

Durante años, fue el rey de la caza mayor en lugares abiertos, como la cordillera argentina, donde los disparos suelen ser muy largos. Elegido por los cazadores que se tomaban en serio el deporte y buscaban un calibre para cazar todo. El .340 Weatherby Magnum se comporta en forma excelente para la caza alrededor del mundo, con la salvedad de los animales más pesados entre los cinco grandes africanos. Aunque las diferencias no parezcan importantes, el .340 supera al .300 en la distancia gracias a la mejor balística de sus proyectiles. El mayor coeficiente balístico de los proyectiles de .338 pulg., le da un margen de ventaja notable cuando los tiros se dan a más de 200 metros.

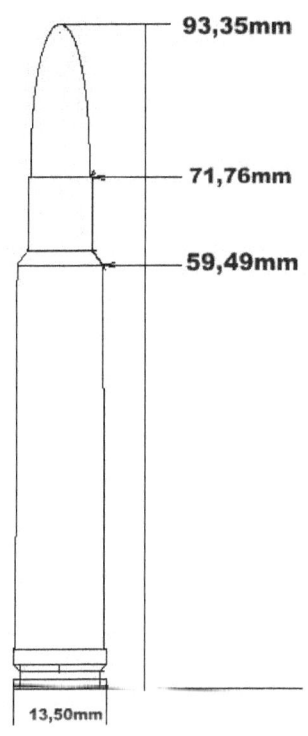

En los últimos años, algunos calibres de mayor carga de pólvora lo han ido desplazando de su trono, como es el caso del mismo .338-378 Weatherby Mag., el .338 Remington Ultra Magnum y el .338 Lapua Magnum.

.224 Weatherby Magnum (1963)

Hasta la década de 1960 todos los calibres Weatherby estaban diseñados para la caza mayor, con la salvedad del .257 Weath. Mag., que podía también utilizarse para animales más pequeños, como ocurría con el .25-06 y el .257 Roberts. Sin embargo, Roy Weatherby había estado trabajando en un prototipo de calibre más pequeño para la caza varminter, un deporte popular en los EE.UU. que consiste en la caza de pequeñas alimañas y plagas a grandes distancias, por lo cual es necesarios un calibre de pequeño diámetro y alta velocidad para lograr una trayectoria muy tendida, para minimizar los errores de estimación en la distancia al blanco. Este calibre, denominado Rocket .220 Weatherby y basado

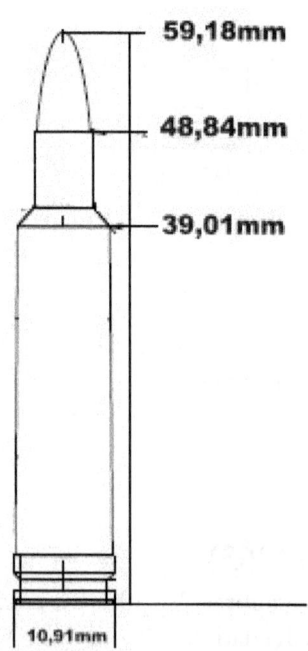

en el Swift .220, pero nunca llegó a ser fabricado. En 1963 lanza el .224 Weatherby "Varmintmaster", un pequeño cartucho diseñado específicamente para la caza "varminter", Originalmente llamado .224 Weatherby Varmintmaster, se presentó junto con el nuevo modelo, el Weatherby Varmintmaster, que estuvo en producción hasta el año 1994. Para este calibre Weatherby desarrolló otra vaina totalmente nueva, con el belt o cinturón clásico de los calibres magnum, pero de un diámetro intermedio entre el de los calibres .308, .30-06 y la familia del .223 Remington.

Este fue el único calibre netamente varminter de Weatherby. Sus prestaciones son intermedias entre el .223 Remington y el .22-250 Remington, con la ventaja de tener casi las mismas dimensiones del primero y poder ser usado en rifles de pequeño tamaño. Ofrece unos 200 pies/seg. más que el .223 Remington, alargando su alcance efectivo.

.240 Weatherby Magnum (1968)

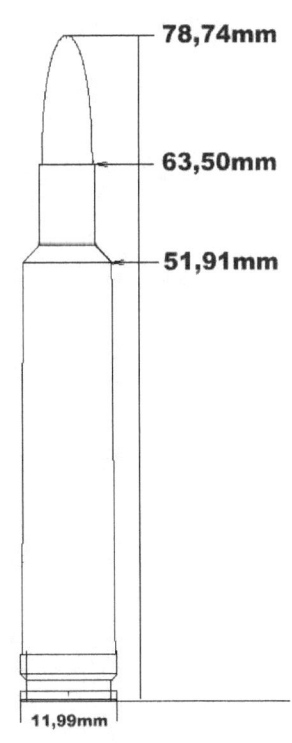

.240 Weatherby Mag.

78,74mm

63,50mm

51,91mm

11,99mm

Este fue el último de los cartuchos diseñados por el mismo Roy Weatherby. Al igual que en el caso del calibre anterior su vaina es única, nunca antes utilizada por otro calibre. Posee el mismo diámetro de base que el .30-06, por lo que funciona perfectamente en rifles estándar, pero posee los clásicos hombros redondeados y belt o cinturón de los calibres Magnum, por lo cual, el diámetro efectivo y el volumen interno es menor que el de una vaina de .30-06.

El .240 Weatherby es el 6mm más veloz del mercado, siguiendo con la premisa básica de Roy Weatherby, desarrolla unos 150 pies/seg más que el 6mm Remington. Es otro de los calibres intermedios para caza varminter y caza mayor liviana, tan populares en los EE.UU., con una ventaja balística considerable, gracias a sus mayores prestaciones. De todas maneras, la originalidad de la vaina, al igual que en el caso anterior, complica su recarga ya que solo pueden utilizarse vainas originales y esto atenta contra su popularidad.

.416 Weatherby Magnum (1989)

La famosa firma inglesa Kynoch, fue la encargada durante años de fabricar casi exclusivamente la munición para los calibres ingleses utilizados para caza mayor peligrosa en África. Pero, en la década de 1970, Kynoch anunció que suspendía la fabricación de esta munición, debido a los altos costos y a la baja demanda de la misma. Con los años, estos cartuchos se volvieron inseguros debido a las variables condiciones de almacenaje, anulando una de las grandes virtudes de estos rifles de grueso calibre, como arma para detener el ataque de animales peligrosos. Así, uno de estos calibres, el famoso .416 Rigby necesitaba un reemplazo. El .458 Winchester Magnum era una buena opción, pero no podía reemplazar la balística del .416. Por eso había una verdadera demanda de un nuevo .416, más allá de algunos wildcats existentes como el .416 Taylor, entre otros. En 1988, Remington fue el primero en lanzarse a ocupar ese nicho vacío del mercado, con su .416 Remington Magnum (derivado

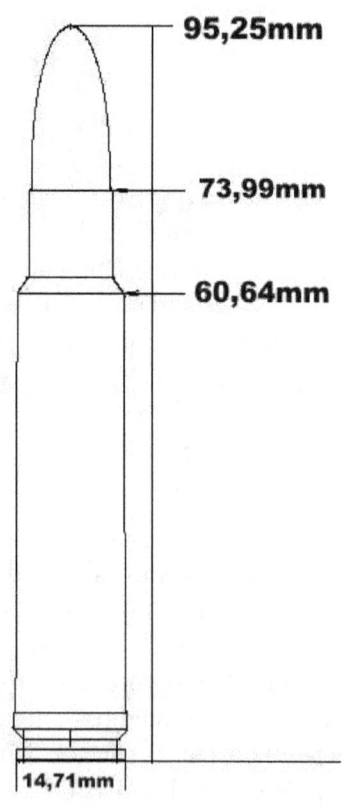

del .416 Hoffman). Utilizando la vaina completa del .375 H & H Magnum, se adaptaba bien a los fusiles magnum de los grandes fabricantes norteamericanos.

Aprovechando el momento, un años después, Weatherby introduce su .416, con la vaina del .378 Weatherby Magnum, con el cuello ampliado para aceptar puntas de .416" (10.6 mm). Este fue un diseño de Ed Weatherby, hijo y sucesor de Roy Weatherby, así como lo fueron los calibres que siguieron. A diferencia del .416 Remington y otros .416, el .416 Weatherby Magnum necesita un cerrojo especial que se adapte al enorme tamaño del culote. Es considerado el cartucho .416 más potente en el mercado, siguiendo la filosofía de Weatherby supera al de Remington, Rigby y Ruger (2008) en 300 pies/seg. más de velocidad inicial, impulsando el mismo proyectil, gracias a que utiliza una carga 30% mayor que sus competidores.

.338-378 Weatherby Magnum (1998)

Este calibre comenzó como como uno de los más famosos wildcats, el .338-378 Keith-Thomson Magnum a principios de los 1960, aunque el .338-378 K-T Magnum con una vaina apenas 6 mm más corta. Esto se debió a que las pólvoras existentes por esos años no eran suficientemente lentas para funcionar eficientemente en la vaina completa del .378. En 1998, Weatherby decide lanzarlo ya que, aprovechando las nuevas pólvoras, pudo dejar la vaina del largo completo.

El .338-378 Weatherby Magnum es la vaina del .378 Weath. Mag. con el cuello reducido para montar puntas de .338 pulgadas y el cuerpo expandido. Este es un calibre muy popular entre los tiradores de larga distancia, como las competencias a 1.000 yardas (914 metros), que permite lanzar puntas de 300 grains a más de 3.000 pies/seg. Como calibre de caza, el .338-378 Weatherby Magnum puede utilizarse en casi cualquier animal del planeta, alargando el alcance efectivo considerablemente, si contamos con la ayuda de un telémetro o medidor de distancia (rangefinder). Como todos los calibres que derivan del .378 Weatherby Mag. su retroceso es considerable, pero puede verse reducido con el uso de un buen freno de boca.

A pesar de que durante años, como wildcat era único en su tipo, ahora tiene un par de competidores en su campo, el .338 Lapua Magnum (1989) y el .338 Remington Ultra Magnum (2.000), que de todas maneras no lo opacaron demasiado.

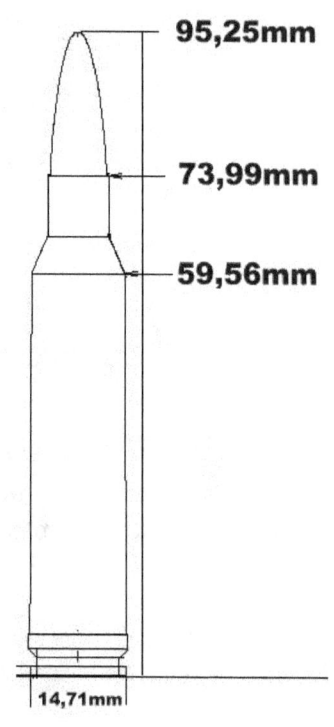

6,5-300 Weatherby Magnum (2016)

El último de los desarrollos de Weatherby, que deriva de una serie wildcats diseñados para tiro a larga distancia como las competencias de 1.000 yardas (914 metros). Nace reduciendo el cuello de la vaina de .300 Weath. Mag. para montar puntas de 6,5mm. El más exitoso de esos wildcats fue el 6,5-300 Weatherby-Wright-Hoyer (WWH), desarrollado por el coronel retirado Paul Wright, un fanático del tiro a larga distancia y perfeccionado por el armero Al Hoyer. A pesar de la escasez de proyectiles para tiro en este calibre, el 6,5-300 WWH fue uno de los calibres más populares en las competencias de tiro a 1000 yardas, ganando gran cantidad de estas.

Weatherby toma esta idea que llevaba año de éxito, haciendo suyo el 6,5-300, que es hoy el 6,5mm más veloz en el mercado y supera al .264 Winchester Magnum ya que utiliza la vaina Magnum con el largo completo. Su balística es impresionante, con puntas de 127 grains, tiene una velocidad en la boca de 3.531 pies/seg.; con puntas de 130 grains 3.476 pies/seg. y con punta de 140 grains logra una velocidad en la boca de 3.395 pies/seg.

Como todos estos calibres que queman gran cantidad de pólvora para lanzar pequeños proyectiles a alta velocidad, la vida útil del cañón se ve comprometida, sobre todo si el objetivo es la máxima precisión. Sin embargo, en condiciones normales, la supervivencia de los caños del 6,5-300, es más que aceptable, sino Weatherby nunca lo hubiera lanzado como calibre comercial.

Historias de Calibres 2

Martín L. Godio

Los mellizos

A lo largo de los años se han desarrollado una especie de calibres hermanos, ciertos calibres que son casi idénticos. Surgen así calibres similares, pero adaptados cada uno a un tipo determinado de armas.

Distintos tipos de armas necesitan munición con diferentes características. Así, las armas de repetición con cargador tipo petaca, como los fusiles a cerrojo de movimientos combinados, entre otros, necesitan munición sin reborde, para que se mueva desde el almacén cargador a la recámara sin trabarse. En cambio, las armas de quebrar, monotiro, rifles dobles o combinados necesitan un reborde para facilitar la extracción y el establecimiento del espacio de cabeza. Por supuesto existen rifles de quebrar que disparan munición sin reborde y fusiles a repetición con almacén cargador tipo petaca que utilizan munición con reborde como las armas calibre .22 L.R. y los fusiles de repetición Lee-Enfield, pero estos necesitan un almacén cargador especial

para evitar que el reborde de un cartucho se trabe con el reborde del siguiente. De la misma manera, los fusiles de quebrar adaptados a munición sin reborde necesitan un sistema de extracción bastante complicado que se retraiga para dejar pasar el cartucho en la carga, pero no lo haga al realizar la extracción. Es por esto que muchos fabricantes desarrollaron algunos cartuchos en dos versiones, con y sin reborde.

8x57mmJ y 8x57mmJR

Como vimos el 8x57mmJ es un viejo calibre sin reborde de gran popularidad en Europa. Aunque nace como un calibre militar para el fusil Comisión 1888, rapidamente se comenzó a popularizar como calibre de caza. Se inició la producción de munición expansiva alrededor de 1890. Esto llevó a que muchos usuarios quisieran utilizarlo en distintos rifles de caza, tanto los "modernos" fusiles de repetición como rifles monotiro, dobles y combinados. Para esto se necesitaba munición con reborde, así que alrededor de 1893 nace el 8x57mmJR, donde la "R" hace referencia al reborde.

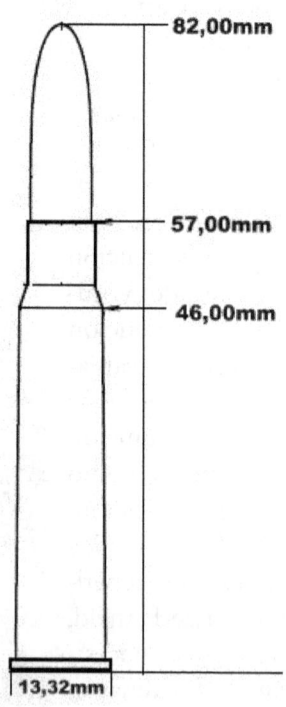

Alrededor de 1898 se diseñan las versiones "S", con un proyectil de mayor diámetro (0,323 pulgadas) que no se oficializarán hasta 1905, el 8x57mmJS y el 8x57mmJRS. La munición con reborde, por lo general, se carga con una carga menor pólvora para que desarrolle menores presiones, más adaptadas a las armas de quebrar. Así, el catálogo de la firma sueca Norma, da una velocidad en la boca de 2.526 pies/seg. para el

8x57mmJS, mientras que para el 8x57mmJRS da una velocidad de 2.395 pies/seg., ambos con puntas de 196 grains. Según la CIP la presión máxima para el 8x57mmJRS es de 47.863 PSI, mientras que el 8x57mmJS puede trabajar a 56.564 PSI. A pesar de sus diferencias, ambos calibres son sumamente populares en la Europa continental, principalmente en Alemania y Austria.

Estos "mellizos" se repiten en muchos otros calibres como el 6,5x57mm y el 6,5x57mmR o el 7x57mm Mauser M93 y el 7x57mmR Mauser.

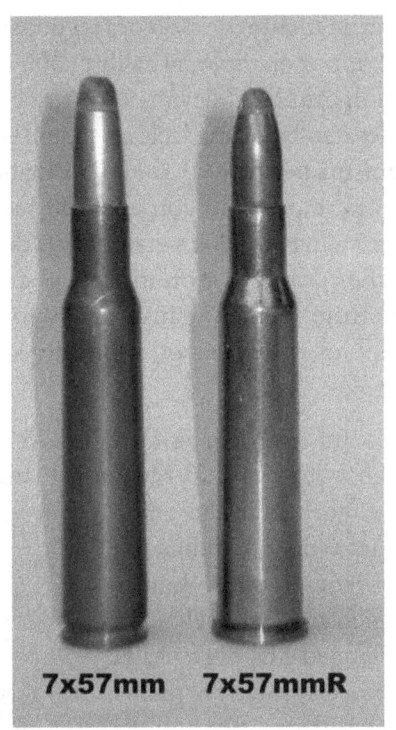

7x57mm 7x57mmR

.30 Super y .300 H&H Magnum

En Gran Bretaña se da el mismo fenómeno, siendo los más famosos los de Holland & Holland, que introdujo a principios del Siglo XX, una serie de cartuchos muy exitosos que utilizaban una vaina con cinturón en la base. De esta serie salieron dos famosos calibres, el .375 Belted Rimless Magnum, hoy conocido como .375 Holland & Holland Magnum y el .300 H&H Magnum. No hay una fecha clara para la introducción de estos calibres, pero se consideran que tanto el .375 como el .300 H&H Magnum fueron introducidos para la misma época, entre 1919 y 1925. Sin importar la fecha de introducción, como algunos calibres de la época, se ofrecía en dos versiones, la denominada "rimless" (sin reborde) que todavía mantiene popularidad y otra con reborde, denominada Flanged por los ingleses. Esta última versión, como en el caso de los calibres alemanes, utiliza una carga menor de pólvora y, consecuentemente, menores presiones. Así, por ejemplo, el calibre .300 con puntas de 220 grains, en la versión "rimless" llevaba una carga de 49 grains de pólvora sin humo y desarrollaba una velocidad en la boca de 2.350 pies/seg.. Con la misma punta, el .300 H & H Flanged utilizaba solo 46 grains de pólvora, perdiendo con ello 100 pies/seg de velocidad en la boca. La existencia de dos versiones se debe a la popularidad que tenían los rifles dobles y monotiro en el campo deportivo. Si bien los rifles a cerrojo venían ganando popularidad rapidamente, los clásicos dobles y Farquarson monotiro, seguían siendo el arma del cazador inglés.

Lo mismo ocurría con el .375 Holland & Holland Magnum (sin reborde) y el .375 Magnum Flanged. El primero con punta de 300 grains, utilizaba una carga de 60 grains de pólvora sin humo, mientras que el .375 Flanged Magnum usaba una carga de 58 grains de pólvora sin humos. Según el libro de John "Pondoro" Taylor, la munición rimless desarrollaba 18 toneladas de presión, mientras que la Flanged 17 toneladas.

Con el paso de los años, de estas hermandades solo quedaron las versiones rimless y las flanged pasaron al olvido.

7x64mm y el 7x65mmR Brenneke

Este es otro par de calibres "mellizos" sumamente interesantes. Wilhelm Brenneke conocido, sobre todo, por los proyectiles para escopeta que diseñó en 1898, tanto que su nombre sigue siendo sinónimo de bala para escopeta, fue también un desarrollador de proyectiles y calibres de fuego central. Sus dos mejores diseños fueron, sin duda, el TUG (Torpedo Universal Gescho) y el TIG (Torpedo Ideal Gescho), balas con dos núcleos de plomo de distinta dureza que ofrecen una performance impecable como proyectiles de caza.

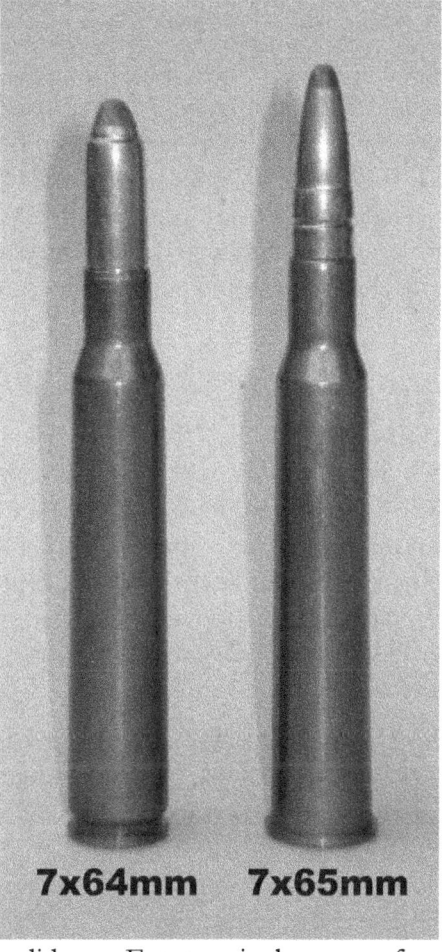

Entre los calibres que diseñó Brenneke, estos dos, el 7x64mm y el 7x65mmR Brenneke, son los que mayor popularidad lograron en Europa Continental, tanto que hoy siguen entre los más vendidos en Europa e incluso son ofrecidos por algunos fabricantes de armas norteamericanos. La fecha de introducción del 7x64mm Brenneke no está muy clara; pero comienza a aparecer en catálogos recién alrededor de 1925, algunos autores consideran que pudo ser introducido en 1910 y se acuerda la fecha de introducción en el año 1917. El 7x65mmR es virtualmente idéntico con la diferencia de tener una vaina con reborde y, que es casi un milímetro más larga. Esta diferencia de largo de vaina es típica de los calibres Brenneke para diferenciar más facilmente la versión sin reborde de la que lo tiene. También utilizan diferentes cargas de pólvora. El 7x65mmR está diseñado para desarrollar menores presiones (47.000 psi) que el 7x64mm, más acordes con las armas monotiro, dobles y combinadas en las que se utiliza. El 7x64mm, por su parte, trabaja a unas 51.000 psi (libras por pulgada cuadrada), por lo que desarrolla unos 70 a 100 pies/seg. más de velocidad en la boca que su hermano con reborde. Esta diferencia no es muy significativa en condiciones de caza y pueden ser considerados a los efectos prácticos como iguales.

.308 y .307 Winchester

El rifle Winchester 1894 es uno de los más emblemáticos de la marca y de los cazadores norteamericanos, pero presenta limitaciones a la hora de disparar un calibre potente. El .30-30 es un excelente calibre, pero el famoso .308 Winchester lo supera ampliamente. El .308 fue y es uno de los calibres más exitosos de la historia, pero sus características no permiten que sea utilizado en cualquier arma, tampoco en el Winchester 1894. En 1982 Winchester encontró una solución de compromiso.

Winchester introdujo, ese año, dos nuevos calibres en su línea, el .307 Winchester y el .356 Winchester, ambos diseñados para ser disparados desde una nueva versión del clásico Winchester Modelo 94 conocida como "Angle Eject". Un rifle a palanca, adaptado para el uso de miras telescópica, algo que venían pidiendo los cazadores desde hacía decenas de años. El Modelo 94 original poseía un sistema de extracción de la vaina vertical. De esta manera, si colocamos una mira óptica convencional, encima del cajón de mecanismos, la vaina servida es expulsada hacia arriba, golpea la mira y vuelve a caer dentro del mecanismo, trabándolo. Este rifle era, además, un 33% más resistente a las presiones de la munición que su predecesor pero, a pesar de ello, no podía soportar las cargas completas ni del .308 Winchester ni el 358 Winchester. Por ello, Winchester desarrolló estos dos nuevos calibres que son menos potentes que sus contrapartidas originales

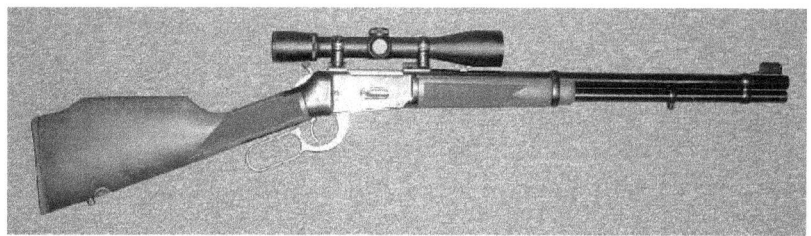

Las dimensiones del .307 Winchester son casi idénticas a las del .308 Winchester y solo se diferencian por la presencia de un pequeño reborde que les permite ser utilizados en rifles a palanca, con mayor eficiencia. Representan, de alguna manera, una forma norteamericana de calibres "mellizos" para adaptarlos de diferentes tipos de armas. No podemos considerarlos idénticos porque no son intercambiables, pero son muy similares.

Estos calibres llegaron en un mal momento y nunca tuvieron mucha aceptación, por lo que rapidamente se hicieron obsoletos. Hoy Winchester solo ofrece dos opciones de munición, una punta con 180 grains para el .307 con una velocidad en la boca de 2.510 pies/seg. y punta de 200 grains, para el .356 a 2.460 pies/seg..

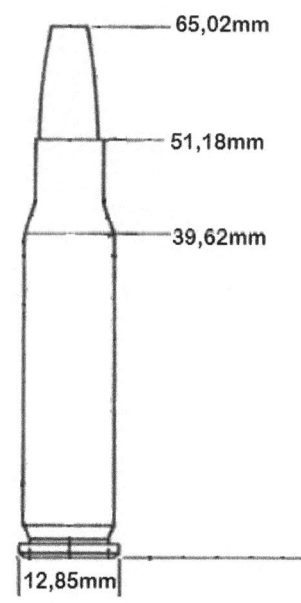

.307 Winchester

Los Wildcats, calibres hechos a medida.

El análisis de la historia de los diferentes calibres, casi siempre nos termina remitiendo a algún wildcat, hecho por alguien que se adelantó al desarrollo de algún calibre comercial en varios años. Aunque hubo y hay gran variedad de calibres disponibles, el hombre es por naturaleza una criatura insatisfecha, siempre buscando la perfección y/o algo más. Dicen que la necesidad es la madre de las invenciones y la tentación de encontrar algún calibre que pueda darnos una ventaja, ya sea en precisión, trayectoria o potencia, o bien que nos permita utilizar un arma especial, siempre ha movido a la creación de nuevos calibres.

¿Qué es un Wildcat?

Se denomina wildcat a un calibre creado por un tirador, un cazador o un armero, con un determinado fin. De la misma manera, vamos a llamar "wildcatters" a aquel armero que desarrolla un nuevo calibre y "wildcating" al desarrollo de nuevos calibres por parte de armeros independientes. Cuando un wildcat comienza a ser producido por algún fabricante en grandes cantidades, pasa a ser un calibre comercial. Podemos tomar algunos ejemplos ya vistos como el .257 Roberts o el .35 Whelen. Como también vimos, los primeros calibres de Roy Weatherby fueron wildcats hasta que comenzó a ofrecerlos comercialmente en grandes volúmenes. No es fácil definir cual calibre es un wildcat y cual no, en general, si algún gran fabricante ofrece munición comercial, podemos decir que ese calibre dejó de ser un wildcat.

El término "wildcat" comenzó a utilizarse allá por los años 1880 para referirse a los buscadores de petróleo que realizaban perforaciones en zonas inexploradas. Estos aventureros, los "wildcatters", movidos por la codicia y el instinto se lanzaban en busca de nuevas zonas con la intención de hacer una fortuna. Simultáneamente este término comenzó a utilizarse para denominar a aquellos armeros que creaban nuevos calibres. La palabra "Wildcat" es utilizada también como nombre común de a algunos felinos salvajes, lo que nosotros denominamos gatos monteses, pero debe recordarse que en inglés, el término "wild" se utiliza también para denominar a actitudes o gente alocada. Lo cual tiene bastante sentido ya que muchos de los desarrollos de los wildcatters fueron sin duda muy arriesgados en sus comienzos.

A fines del Siglo XIX, muchos tiradores, cazadores y armeros comenzaron a buscar nuevas opciones en la escasa oferta de calibres de la época. Uno de los primeros fue Harwood que realizó algunos experimentos adaptando la vaina de 25-20 SS para puntas de .22 creando el .22-20-55 Harwood Hornet, uno de los primeros Wildcat que alcanzaría alguna fama. El que a su vez seria nuevamente "wilcateado" por Lovell creando su .22-3000. El término se oficializó recién en la década de 1950 y de allí en adelante todos los desarrollos de munición no comercial se denominaron Wildcats.

¿Cómo se hace un wildcat?

Hay muchas maneras de crear un wildcat, la más fácil y económica es lo que se conoce como "improved" o mejorado en castellano. Esta técnica consiste en agrandar la recámara de un arma de calibre comercial manteniéndose el resto de los parámetros iguales (diámetro de la base, largo de vaina, etc.). En muchos de los casos para obtener una vaina "improved" basta con disparar un cartucho normal en la recámara reformada. Un caso clásico es el del .300 Weatherby Magnum que, como vimos, es basicamente un cartucho del .300 Holland & Holland Magnum expandido considerablemente. En consecuencia el calibre de Weatherby desarrolla una mejor balística desde basicamente el mismo rifle, aunque esto no es gratis, el calibre de Weatherby lo hace quemando un 30% más de pólvora.

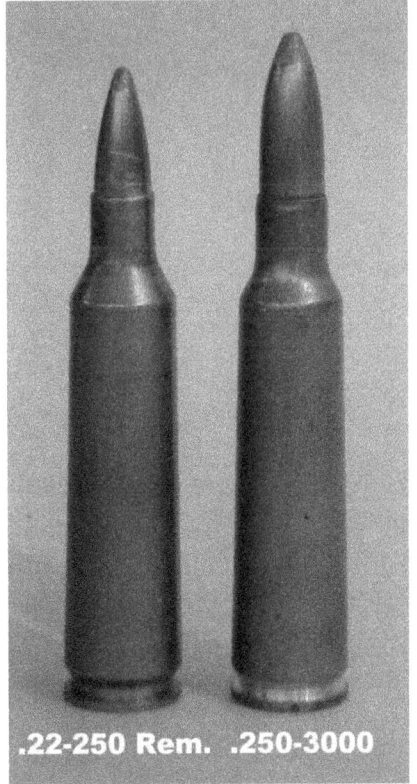
.22-250 Rem.   .250-3000

Esta expansión puede incluir también una reducción en la conicidad de la vaina y/o el avance y cambio de ángulo del hombro. Es así que sin mayores cambios se logra aumentar la capacidad interna y, como consecuencia, la cantidad de pólvora que entra y su correspondiente performance balística. Uno de los más prolíficos wildcatters que utilizó esta técnica fue el famoso armero norteamericano P.O.Ackley.

Otro de los caminos elegidos es la adaptación de vainas de un calibre conocido agrandando o reduciendo la boca para utilizar proyectiles de otro diámetro. Este es el caso del .25-06 y del .35 Whelen que, como vimos, derivan del .30-06 Spr., reduciendo el cuello en el primer caso y expandiéndolo en el segundo.

Finalmente, otra solución es la de acortar la vaina para limitar las prestaciones o adaptar un calibre a armas con mecanismos más cortos. Tal es el caso del .458 2" que es un cartucho con la vaina del .458 Winchester Magnum acortada a dos pulgadas de largo para reducir sus prestaciones. Por otro lado, el .458 Lott, que utiliza una vaina más larga (la del .357 H&H Mag) permite aumentar las prestaciones considerablemente.

Hay también wildcats que podríamos llamar "de ocasión", diseñados para aprovechar alguna circunstancia como el .312 Express (7,65/300 Win. Mag.) o el 8mm06, cuyo objeto era aprovechar los fusiles militares de rezago que, a muy bajo precio, se vendían en los EE.UU.. así los fusiles 7,65x54mm Mauser se reformaban a .312 Express y los 8x57mm a 8mm-06 sin más costo que reformar la recámara.

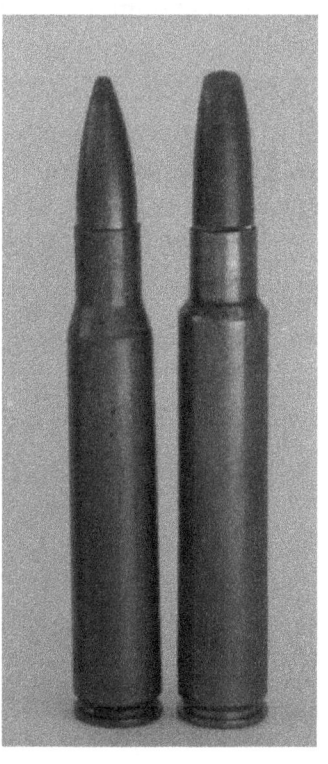

¿Porqué complicarse con un Wildcat?

La primera razón y una de las más comunes, simplemente para tener algo distinto. Es muy tentador tener un arma que nadie más tiene, algo completamente original, y si lo diseñó uno mismo, tanto mejor. Ni que hablar de sentir el orgullo de tener un calibre con nuestro propio apellido. Otra de las razones más comunes es tener un calibre que cumpla una determinada función. Así, en busca de calibres de gran precisión se crearon el .22 y 6mm PPC. Por otro lado, en la búsqueda de calibres más potentes que el viejo .25-35 Winchester, se crearon el .257 Roberts, diseñado por Ned Roberts, utilizando la vaina del 7x57mm Mauser y el .25-06 utilizando la del .30-06 Spr. Muchos son los ejemplos que podemos encontrar de diseños en busca de mejores performances.

En cualquier caso, los wildcats fueron sin duda, pieza clave para el desarrollo de muchos de los calibres que hoy disfrutamos. Sin el esfuerzo de muchos particulares, el desarrollo de las armas en el siglo XX hubiera sido mucho más lento y menos prolífico.

Glosario

A

Accelerator: Munición que permite disparar proyectiles de menor calibre mediante un sabot o soporte plástico, logrando gran velocidad.

B

Belt: Textualmente cinturón, es el refuerzo de la vaina de algunos calibres de rifle que sirve de tope en la recámara, regulando el espacio de cabeza.

C

Cabeza del cerrojo: parte delantera del cerrojo, donde está el sistema de cierre, que resiste las presiones del disparo.

Calibre: En este libro se utiliza alternativamente, según el contexto, para referirse al diámetro interno del cañón de un arma o para referirse a un cartucho determinado.

Carga dúplex: Carga de pólvora de un cartucho que combina dos pólvoras distintas, juntas.

Cartucho: Conjunto de iniciador, propelente y proyectil dentro de una vaina.

Custom: Textualmente "cliente", hace referencia a armas o calibre hechos especialmente a pedido y por orden de un cliente según sus instrucciones.

D

Drilling: Rifle típico de Europa Continental que tiene de dos caños de escopeta y uno de rifle, lo que le brinda al cazador la posibilidad de cobrar distintas presas

E

Espacio de cabeza: Distancia entre el sistema de cierre y el apoyo frontal del cartucho. Es un dato crítico para que la munición de adapte a la recámara. Cada calibre tiene un espacio de cabeza establecido.

Express: Calibres de alta velocidad desarrollados a partir de la segunda mitad del Siglo XIX. Término usado erróneamente para referirse a los rifles dobles.

F

Familias de calibres: Son aquellos calibres que se desarrollan a partir de un calibre determinado, al que podríamos considerar el padre.

Flanged: Nombre que se le da en la bibliografía británica a los calibres con reborde.

Flat-point: Textualmente punta chata, hace referencia a los proyectiles con una superficie plana en su frente.

Freebore: Distancia entre la boca de la vaina y el inicio del estriado. Corresponde

Fuego anular: Sistema de encendido donde el mixto fulminante está en un pliegue del reborde del cartucho. Es fijo y por consiguiente la munición no es recargable.

Fuego central: Sistema de encendido donde el mixto fulminante está en una capsula que se coloca en el centro de la base del cartucho. Es móvil y por consiguiente la munición no es recargable.

H

Hiper velocidad: hace referencia a munición de calibre .22 L.R. de mayor velocidad que la llamada de alta velocidad.

I

Improved: Termino que hace referencia a un calibre "mejorado" mediante la expansión radial de la vaina, aumentando su volumen interno.

M

Magnum: Denominación usada en calibre que tiene mayor potencia que otros preexistentes. En el caso de calibres de rifle de origen norteamericano, aquellos que tiene "belt".

Montar un proyectil: se refiere al acto de montar o colocar un proyectil en una vaina determinada.

Monotiro: Rifle o fusil de un solo disparo.

N

Nitro Express: Calibres Express de pólvora sin humo.

Nitro for Black: Cartucho cargado con una carga liviana de pólvora sin humo para ser usado en armas de pólvora negra.

O

Overbore: Este término se refiere a la relación entre el volumen de la vaina y el del caño.

P

Paper patched: hace referencia a la cobertura de papel utilizada en proyectiles de plomo durante la segunda mitad del Siglo XIX y principios del XX.

Paso de estrías: Es la distancia en la que las estrías dan una vuelta completa.

R

Reborde: Parte trasera de la vaina donde la toma el extractor del arma, para definir el espacio de cabeza y/o para extraerla de la recámara.

Recamarar: Adaptar un rifle a un determinado calibre, esto puede hacerse transformando la recámara o cambiando el cañón.

Retroceso: Reacción hacia atrás del arma al efectuar el disparo.

Rifle combinado: rifle que posee dos o más caños de distintos calibres, por lo general, combinando calibres de escopeta con calibres de rifle.

Rifle doble: Rifle que posee dos cañones del mismo calibre y dos sistemas de disparo, por lo que constituye, verdaderamente, "dos rifles en uno".
Rimless: Vaina sin reborde.
Round nose: Punta redonda, proyectil cuya punta es redondeada.

S

SAAMI: Sporting Arms and Ammunition Manufacturers' Institute, instituto dedicado, entre otras cosas, a la estandarización de los cartuchos de armas de fuego
Spitzer: Proyectil con punta aguzada que mejora sus cualidades balísticas.
Subsónica: Munición de cualquier calibre que desarrolla velocidades por debajo de la del sonido, es decir velocidades menores a 343 m/s o 1.125 pies/seg., lo que permite usarlas en armas con silenciador.

T

Tetón: protuberancia en el cerrojo de cierre de un arma que lo traba evitando que se abra y resistiendo la presión durante el disparo.

V

Varminter: actividad muy popular en los EE.UU. que consiste en la eliminación de plagas mediante la caza con armas de fuego.
Vierling: Arma combinada que posee cuatro cañones de distinto calibre, dos de escopeta, uno de rifle para caza mayor y otro caño estriado de pequeño calibre.
Wildcat: Calibre hecho a pedido por un usuario o diseñado por una armero.

Y

Yuxtapuesto: cuando un arma posee dos caños puestos uno al lado del otro.

Bibliografía

Libros.
Ackley P. O., *"Handbook for Shooters & Reloaders"*, Vol. I (1966), EE.UU.
Ackley P. O., *"Handbook for Shooters & Reloaders"*, Vol. II (1966), EE.UU.
Akehurst, Richard. (1992) *"Game Guns and Rifles"* Great Britain. The Sportman Press.
Bell Walter D.M. (1960) *"Bell of Africa"* Great Britain. Neville Spearman & The Holland Press
Corbett, Jim (1948) *"Las Fieras Cebadas de Kumaon"* Argentina. Ediciones Peuser.
Datig Fred A.(1956) *"Cartridges for collectors. Volume I"*. EE.UU. Borden Publishing CO.
Datig Fred A.(1958) *"Cartridges for collectors. Volume II"*. EE.UU. Borden Publishing CO.
Datig Fred A.(1967) *"Cartridges for collectors. Volume III"*. EE.UU. Borden Publishing CO.
Dixon, W. B. (1997) *"European Sporting Cartridges"* EE.UU. Armory Publications, Inc.
Keith Elmer, **"Sixguns"** Bonanza Books. EE.UU
McKinney, R. (1996) **The Simple Art of Winning.** Tokyo, Japón. Leo Planning Inc.
Taylor John H. "Pondoro" (2010) *"Rifles y Cartuchos Africanos"* España. Editorial Solitario.
Waters Ken et all *"Wildcat Cartridges Combo Edition"* (1992) EE.UU. Wolfe Publishing Company.
"Westley Richards Guns & Rifles" (1988) EE.UU. Reprinted by Armory Publications.

Boletines y Catálogos.
A.A.C.A.M. Boletines varios. Argentina.
Catálogos Winchester. varios.
Catálogos Remington. varios.
Catálogo D.W.M. varios.
International Ammunition Association Inc.: boletines varios.

Internet.
International Ammunition Association Inc.:
http://www.iaaforum.org/forum3/index.php?sid=c654f4c37b9f5
89eb592ae80cb70df8b
municion.org: http://www.municion.org/
Dave Norin: davenoringunmaker.com

Martín L. Godio

Acerca del autor

Nacido el 13 de Septiembre de 1961, en la ciudad de Bahía Blanca, Argentina, donde vivió casi toda su vida. Martín Godio es Ingeniero Agrónomo, Productor Agropecuario y Profesor de Nivel Terciario. Publicó durante más de 20 años en las revistas de deportes al aire libre "Magnum" y "El Pato" de Argentina. También publicó algunas notas en las revistas "Muzzleloader Magazine" y "The Double Gun Journal" de EE.UU.

Nacido en una familia de cazadores y tiradores, estuvo en contacto con la naturaleza y las armas desde la infancia. Su pasión lo llevó a actuar como administrador y guía de un pequeño coto de caza de la Provincia de Buenos Aires con ciervos axis y antílopes de la India y a tirar con todo tipo de armas y recargar distintos calibres, incluyendo varios calibres obsoletos hoy casi olvidados. Practica tambien el tiro con armas de avancarga, armas neumáticas y el tiro con arco

Historias de Calibres 2

Índice por calibre

En pulgadas
.22 High Power (1912)   61.
.219 Zipper (1937)   63.
.22-250 Remington   108.
.224 Weatherby Magnum (1963)   159.
.240 Weatherby Magnum (1968)   161.
.243 Winchester (1955)   115.
.25-35 Winchester (1895)   55.
.25 Remington (1906)   71.
.25-06 Remington (1969)   96.
.250 Savage   104.
.257 Roberts (1934)   38
.257 Weatherby Magnum (1945)   153.
.260 Remington (1997)   122.
.264 Winchester Magnum (1958)   131.
.270 Winchester (1925)   89.
.270 Weatherby Magnum (1943)   150.
.275 Rimless (1907)   34.
.280 Remington (1957)   93.
.30-30 Winchester (1895)   46.
.30 Remington (1906)   72.
.30 Super (1912-23)   169.
.303 Savage (1895)   52.
.300 Savage (1920)   106.
.308 Winchester (1952)   111, 172.
.307 Winchester (1982)   125, 172.
.30-06 Springfield (1906)   80
.300 Winchester Magnum (1963)   140.

.300 Holland & Holland Magnum (1912-23)   169.
.300 Weatherby Magnum (1944)   151.
.30-378 Weatherby Magnum (1953)   155.
.308 Norma Magnum (1959)   135.
.32 Winchester Special (1902)   57.
.32 Remington (1906)   74.
.338-06 (1998)   101.
.338 Winchester Magnum (1958)   133.
.338-378 Weatherby Magnum (1998)   163.
.340 Weatherby Magnum (1962)   158.
.35 Whelen (1988)   99.
.358 Winchester.   118.
.358 Norma Magnum (1959)   136.
.375 Winchester (1978)   66.
.375 Holland & Holland Rimless Magnum (1912-23)   169.
.375 Holland & Holland Flanged Magnum (1912-23)   169.
.375 Weatherby Magnum (1944)   152.
.378 Weatherby Magnum (1953)   154.
.416 Weatherby Magnum (1989)   162.
.458 Winchester Magnum (1956)   128.
.460 Weatherby Magnum (1957)   157.

En milímetros

5.6x57 RWS (1964)   38.
6 mm Remington (1955)   41.
6,5x57mm (1894)   37.
6.5-300 Weatherby Magnum (2016)   164.
6,8x57mm (1906/7)   37
6.8mm Remington (2002)   75.
7-30 Waters (1976)   64.
7x57mm Mauser (1892)   30, 169.
7x57mmR Mauser (189?)   169.
7x64mm Brenneke   171.
7x65mmR Brenneke   171.

7mm Remington Express   93.
7mm-08 Remington (1980)   120.
7mm Remington Magnum (1962)   136.
7mm Weatherby Magnum (1940)   149.
7,65x61mm Marina Argentina (1914)   85.
8x57mm (1888)   25, 168.
8x57mmR (1893??)   168.
9x57mm (1904)   37
9,3x57mm (1903)   37

Martín L. Godio

OTROS LIBROS DEL AUTOR

Libro dedicado a la historia y circunstancias de algunos calibres notables por su popularidad o por su importancia historica. Los calibres analizados son: .22 Largo Rifle, .22 Hornet, .243 Winchester, .270 Winchester, 7x57mm Mauser, 7mm Rem. Magnum, 7,63x25mm Mauser, .308 Winchester, .30-06 Spri., .300 Winchester Magnum, .303 British, 7,65x54mm Mauser, 9x19mm NATO, .38 S&W Special, .357 Smith & Wesson Magnum, .375 Holland & Holland Magnum, .44-40 Win, .44 Rem. Mag. y .45 ACP (Automatic Colt Pistol)

Una guía con toda la información necesaria para iniciarse en el tiro con arco: competencias, estilos, arcos, flechas y accesorios. Para el experto, constituye un útil repaso del funcionamiento de los arcos y las flechas, así como algunos aspectos poco conocidos del deporte como el "stump shooting".

También incluye dos apéndices con una guía rápida para seleccionar facilmente las flechas más adecuadas y para la fabricación de algunos accesorios.

Detallado análisis de los aspectos básicos del armado y puesta a punto del arco recurvado. Toda la información necesaria para obtener los mejores resultados de esta excelente herramienta deportiva. Dirigido, tanto para quienes se inician en la arquería, como para los arqueros más experimentados. Se analizarán las técnicas y métodos con distintos niveles de complejidad. Con dos últimos capítulos, están dedicados especialmente a la puesta a punto del arco tradicional y arco recurvado en Stringwalking.

Libro dedicado a este elemento fundamental de la arquería, que suele ser relegado a un segundo e inmerecido plano. El mejor de los arcos es inútil si las flechas son defectuosas o de mala calidad. De la misma manera, conocer nuestras flechas es fundamental para poder obtener los mejores resultados. El uso continuo va deteriorando nuestras flechas, por lo que es fundamental conocer la forma correcta de repararlas y realizar un adecuado mantenimiento.

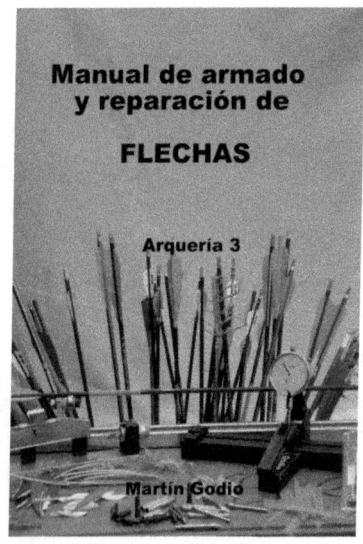

Martín L. Godio

www.ingramcontent.com/pod-product-compliance
Lightning Source LLC
Chambersburg PA
CBHW050633160426
43194CB00010B/1655